Opérations

Rappel de 4e année

W0186328

1. Un peu de tout.

7 x 60 = ...	42 000 : 7 = ...	32 + (7 x 40) = ...
600 x 4 = ...	24 000 : 6 = ...	600 : (2 x 25) = ...
8 x 5 000 = ...	35 000 : 5 = ...	(50 x 6) - 27 = ...
30 x 300 = ...	28 000 : 70 = ...	2400 : (4 x 50) = ...
60 x 40 = ...	81 000 : 900 = ...	(14 x 5) + 1 000 = ...

2. Écris = ou ≠.

18 + 37	....	44 + 36	8 x (100 : 5)	....	(100 : 5) + 8
7 x 5	....	5 x 7	6 x (3 x 5)	....	(6 x 3) x 5
90 : 15	....	15 : 90	(10 x 9) : 3	....	10 x (9 : 3)
5 x 50	....	2 x 200	(80 - 30) + 3	....	80 - (30 + 3)

3. Effectue.

794 + 4 = ...	8 950 - 8 = ...	18 000 : 60 = ...
794 + 40 = ...	8 950 - 80 = ...	80 x 9 = ...
794 + 400 = ...	8 950 - 800 = ...	9000 : 4 = ...
794 + 4 000 = ...	8 950 - 8 000 = ...	300 x 200 = ...

431 + 199 = ...	762 + 190 = ...	363 - 290 = ...
23 + 399 = ...	24 + 290 = ...	826 - 490 = ...
16 + 299 = ...	472 - 199 = ...	748 - 590 = ...
87 + 499 = ...	627 - 299 = ...	825 - 190 = ...

Opérations
Avec les «mille»...

3 000 + 1 900 =	9 000 - 2 500 =	6 300 - 1 200 =
3 700 + 2 200 =	10 000 - 6 400 =	7 800 - 5 400 =
6 500 + 1 300 =	7 000 - 3 400 =	7 100 - 300 =
3 700 + 4 400 =	6 000 - 4 800 =	4 200 - 600 =
3 300 - 1 700 =	6 000 + 10 =	3 000 - 10 =
10 000 - 9 200 =	2 700 + 1 =	2 000 - 8 =
7 500 - 3 900 =	1 300 + 18 =	6 200 - 5 =
7 900 - 3 600 =	1 460 + 40 =	5 600 - 30 =
4 200 + 120 =	2 680 - 30 =	7 600 - 150 =
2 453 + 10 =	4 260 - 60 =	4 005 - 8 =
9 600 + 320 =	7 369 - 200 =	6 324 - 19 =
2 073 + 400 =	1 072 - 600 =	4 174 - 16 =
3 002 + 4 =	8 450 + 9 =	7 798 + 4 =
3 002 + 40 =	8 450 + 90 =	7 798 + 40 =
3 002 + 400 =	8 450 + 900 =	7 798 + 400 =
3 002 + 4 000 =	8 450 + 9 000 =	7 798 + 4 000 =
6 001 - 4 =	3 040 - 5 =	7 793 - 9 =
6 001 - 40 =	3 040 - 50 =	7 793 - 90 =
6 001 - 400 =	3 040 - 500 =	7 793 - 900 =
6 001 - 4 000 =	13 040 - 5 000 =	17 793 - 9 000 =

OPÉRATIONS
100 000

1.

100 000	100 000	100 000
80 000 + ...	50 600 + ...	99 909 + ...
88 000 + ...	32 500 + ...	90 008 + ...
13 000 + ...	37 750 + ...	208 000 - ....
91 000 + ...	.... + 40 060	101 010 - ....
37 000 + ...	.... + 32 624	110 000 - ....

100 000

- 1 = ...
- 50 = ...
- 500 = ...
- 5 000 = ...
- 50 000 = ...

100 000

- 1 000 = ...
- 10 = ...
- 11 = ...
- 110 = ...
- 101 = ...

100 000

70 000 + ...
7 000 + ...
7 + ...
70 + ...
- 101 = ...
70 700 + ...
77 + ...

	- 7 250	- 3 000	- 22 120	- 4 143	- 380	- 20 000
100 000	....	....	....	....	....	....

Opérations

Additions et soustractions de grands nombres

1. 100 000 - 80 000 = ...

10 000 - 200 = ...

100 000 - 20 = ...

1 000 000 - 1 000 = ...

100 000 - 50 = ...

100 000 - 10 000 = ...

10 000 - 10 = ...

1 000 000 - 100 = ...

20 000 + 300 = ...

120 000 - 2 000 = ...

100 000 - 300 = ...

300 000 - 140 000 = ...

300 000 - 102 000 = ...

400 000 - 15 000 = ...

300 000 - 100 400 = ...

300 000 - 156 = ...

60 000 + 2 000 = ...

66 000 + 5 000 = ...

39 000 + 11 000 = ...

100 000 + 600 = ...

350 600 + 4 000 = ...

620 + 603 + 3 040 = ...

340 000 + 66 000 = ...

30 000 + 327 624 = ...

160 073 - .... = 110 073

283 630 - .... = 260 600

.... + 660 = 183 663

540 303 + ... = 544 344

2. Relie les additions.

698 000 =

30 •	• 695 000
300 •	• 664 700
3 000 •	• 697 700
3 •	• 697 997
33300 •	• 697 970

3. 70 000 + 3 = ...

70 000 + 30 = ...

70 000 + 300 = ...

70 000 + 3 000 = ...

70 000 + 30 000 = ...

18 794 + 5 = ...

18 794 + 50 = ...

18 794 + 500 = ...

18 794 + 5 000 = ...

18 794 + 50 000 = ...

26 981 + 7 = ...

26 981 + 70 = ...

26 981 + 700 = ...

26 981 + 7 000 = ...

26 981 + 70 000 = ...

60 000 - 4 = ...

60 000 - 40 = ...

60 000 - 400 = ...

60 000 - 4 000 = ...

60 000 - 40 000 = ...

16 900 - 100 = ...

16 900 - 1 000 = ...

16 900 - 10 = ...

16 900 - 10 000 = ...

16 900 - 1 = ...

12 463 - 7 = ...

12 463 - 70 = ...

12 463 - 700 = ...

12 463 - 7 000 = ...

112 463 - 70 000 = ...

4. Trace toutes les flèches.

.... vaut 500 de plus que ....

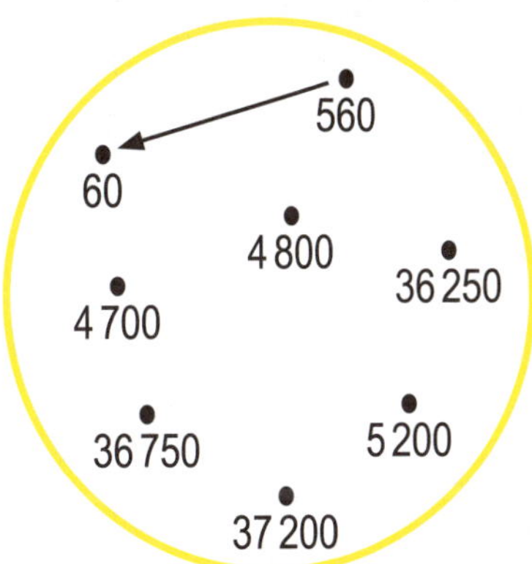

.... vaut 110 de moins que ....

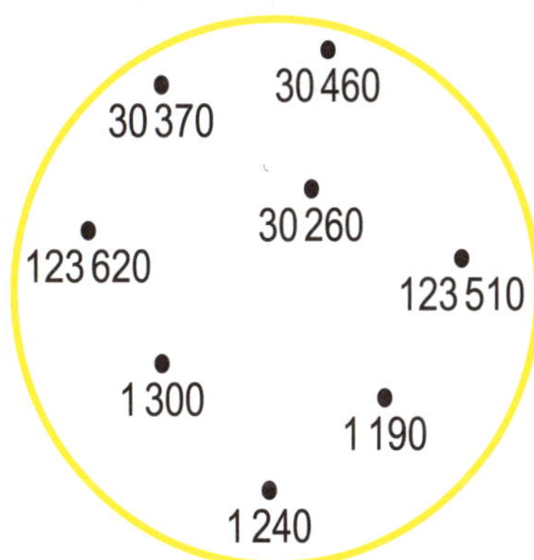

OPÉRATIONS
EXTENSION DES TABLES

1. Complète.

45 =
5 x **9**
50 x ....
0,5 x ....
0,05 x ....

72 =
8 x ....
0,8 x ....
80 x ....
800 x ....

4,9 =
7 x ....
70 x ....
0,7 x ....
0,07 x ....

240 =
6 x ....
60 x ....
0,6 x ....
600 x ....

2. Effectue.

15 x 4 = ...
0,15 x 0,4 = ...
1,5 x 400 = ...
1500 x 0,04 = ...
150 x 40 = ...

2,5 x 600 = ...
0,02 x 2,4 = ...
1,1 x 500 = ...
0,04 x 60 = ...
700 x 0,3 = ...

3. Complète.

x ↷	5	0,5	50
6			
0,6			
60			

x ↷	80	8	0,8
	24		
		24	
			24

Opérations
Extension des tables

1. Exemple.

0,06 x 0,9 =	0,06 x 9 =	0,06 x 90 =	0,06 x 900 =
0,6 x 0,9 =	0,6 x 9 =	0,6 x 90 =	0,6 x 900 =
6 x 0,9 =	**Départ !!!** **6 x 9 = 54**	6 x 90 =	6 x 900 =
60 x 0,9 =	60 x 9 =	60 x 90 =	60 x 900 =
600 x 0,9 =	600 x 9 =	600 x 90 =	600 x 900 =

2. Imite l'exemple.

	Départ !!! **7 x 8 = 56**		

Opérations
La calculatrice

1. Colorie les touches sur lesquelles tu dois appuyer pour :

[+] [-] [x] [:] [ON OFF] [CE] [.] [=]

a. Allumer ou éteindre la calculatrice (vert)
b. Additionner deux nombres (bleu)
c. Soustraire deux nombre (jaune)
d. Multiplier deux nombres (rouge)
e. Diviser deux nombres (brun)
f. Introduire les décimales (gris)

2. Effectue.

Voici les produits achetés par le propriétaire d'un restaurant :

- lait : 50 l à 0,75 € le litre,
- pommes de terre : 120 kg à 1,2 € le kilo,
- pain complet : 12 pains à 2 € le pain.

Complète l'opération qu'il doit effectuer.

....

(.............. x ....) + (............ x ....) + (............ x ....)

Effectue cette opération avec ta calculatrice et donne le résultat } Résultat : ....

3. Complète les touches sur lesquelles tu as appuyé pour obtenir :

623 - 3,2 =

....

854 x 803 =

....

425 + 57,9 =

....

634 : 4,2 =

....

36 + (14 976 : 68) =

....

(35 x 16) + (63 x 45) =

....

4. Calcule rapidement et complète les touches.

Le double du double de 1,5

....

Le demi du demi de 10,5

....

Opérations
Diviseurs et multiples

1. Écris 3 diviseurs pour chacun de ces nombres.

12	42	96
30	36	560
100	64	500

2. Écris 3 multiples pour chacun de ces nombres.

4	10	15
7	8	35
25	75	100

3. Dans chaque colonne, écris les diviseurs de chaque nombre et entoure le plus grand diviseur qui est commun aux deux.

18	30	36
24	45	48

4. Voici la liste de tous les diviseurs de 40, 72 et 84.

1	2	3	4	5	6	7	8	9	10	12
14	18	20	21	24	28	36	40	42	72	84

a. Colorie les diviseurs de 40

b. Encercle les diviseurs de 72

c. Trace un x sur les diviseurs de 84

d. Quel est le plus grand diviseur commun à 40 et 72 ....

e. Quel est le plus grand diviseur commun à 72 et 84 ....

f. Quel est le plus grand diviseur commun à 40 et 84 ....

NUMÉRATION

1. Écris.

- le plus grand nombre entier d'un chiffre : ……………………
- le plus grand nombre entier de deux chiffres : ……………………
- le plus petit nombre entier de deux chiffres identiques : ……………
- le plus grand nombre entier de trois chiffres : ……………………
- le plus grand nombre entier de trois chiffres différents : ……………
- le plus petit nombre entier de trois chiffres : ……………………
- le plus petit nombre entier de quatre chiffres différents : ……………
- le plus petit nombre entier de quatre chiffres identiques : ……………
- le plus petit nombre entier de cinq chiffres : ……………………
- le plus petit nombre entier de cinq chiffres différents : ……………

---

2. Complète par les mots, nombre(s) ou chiffre(s) dans chaque phrase.

- Quel est le plus petit ………… à quatre ………… ?
- Quel est le ………… des dizaines dans le ………… 78 ?
- Écris un ………… à trois …………
- Pour écrire les ………… nous disposons de 10 …………
- Dans le ………… 94, le 9 est un …………

---

3. Entoure les nombres entiers positifs.

50 - $\frac{6}{6}$ - 7,3 - 9,1 - $\frac{8}{4}$ - 0,8 - 1 - $\frac{5}{3}$

4. Écris un nombre en fonction des consignes.

- un nombre entier impair : ....
- un nombre entier rond et négatif : ....
- un nombre à virgule : ....
- un nombre pair à 3 chiffres : ....
- un nombre carré pair : ....

5. Écris les nombres suivants en respectant les intervalles.

- 26163 : ....
- 430072 : ....
- 4063200 : ....
- 70009025 : ....
- 4158405 : ....
- 9065293 : ....
- 632680912 : ....

6. Écris les deux nombres placés juste avant et juste après.

....	....	48 326	....	....
....	....	98 729	....	....
....	....	346 520	....	....
....	....	939 998	....	....
....	....	2 836 761	....	....
....	....	76 226 240	....	....

7. Par colonne, écris les nombres du plus grand au plus petit.

4 307 646 →	....	6 976 207 →	....
4 907 646	....	6 965 207	....
4 408 646	....	6 976 407	....
4 308 646	....	6 965 209	....
4 407 646	....	6 976 706	....

8. Par colonne, écris les nombres du plus petit au plus grand.

597 336 →	....	1 436 270 →	....
59 736	....	1 463 720	....
5 973 366	....	1 553 273	....
597 663	....	1 535 723	....
5 975 263	....	1 456 320	....

9. Les numéros suivants contiennent des zéros inutiles. Supprime-les.

003 648 000 540	→	....
004 000 009	→	....
000 017 500 000 040	→	....
000 008 000 000	→	....
0 063 604 702 600	→	....

10. Écris les nombres dans le tableau.

Classe des milliards			Classe des millions			Classe des milliers			Classe des unités			Classe des millièmes			
C	D	U	C	D	U	C	D	U	C	D	U	C	D	U	
															→ 51 356
															→ 290 741
															→ 1 426 673
															→ 726
															→ 341 540
															→ 82 836 761
															→ 163 727 137

11. Écris en chiffres.

trois mille cinq → ....

deux mille quatre cents → ....

quatre cent trois mille cinq → ....

sept cent mille cent vingt → ....

cent dix mille cent dix → ....

trois millions trois cent mille trois cents → ....

dix sept millions cent → ....

12. Écris en chiffres.

4UM + 9C + 5D + 1u = ...

1DM + 3UM + 7C + 6D + 5u = ...

2CM + 4UM + 2C + 7u = ...

9UM + 8u = ...

3DM + 7C + 5D = ...

1 UM + 34U = ...

13. Quelle est la valeur de ces chiffres ?

23 578
- ....
- ....
- ....
- ....
- ....

487 385
- ....
- ....
- ....
- ....
- ....
- ....

12 673 037
- ....
- ....
- ....
- ....
- ....
- ....
- ....
- ....

14. Dans le nombre 442 882, introduis le chiffre 5 pour qu'il devienne :

- le chiffre des u : **4 428 825**
- le chiffre des DM : ....
- le chiffre des D : ....
- le chiffre des UMi : ....
- le chiffre des CM : ....
- le chiffre des C : ....

15. Complète.

2DM de moins que 86 245 : ....

6u de moins que 16 307 : ....

3C de plus que 25 750 : ....

5UM de plus que 48 400 : ....

7DM de plus que 21 725 : ....

3uMil de plus que 70 000 : ....

4CM de moins que 515 000 : ....

16. Complète la décomposition.

<u>**7 821 639**</u>

= (**7** x 1 000 000) + (8 x ....) + (2 x ....) + (1 x ....) +
(6 x ....) + (3 x ....) + (9 x ....)

= 70 000 000 + ... + ... + ... + ... + ... + ...

<u>**623 738**</u>

= (.... x ....) + (....... x ....) + (..... x ....) + (..... x ....) +
(....... x ....) + (....... x ....)

= .... + ... + ... + ... + ... + ...

17. Décompose ces nombres. Écris-les dans un tableau pour t'aider.

685 124 352 = 68 .... 512 .... et 4 352 ....
= 685 .... 124 .... et 352 ....
= 6 851 .... 2 435 .... et 2 ....
= 685 124 .... et 352 ....

4 624 036 = ... millions .... mille et .... unités
= .... CM .... UM .... unités
= .... UM .... unités

Les nombres décimaux

1. Écris les nombres dans le tableau.

C	D	U	,	d	c	m		
			,				←	0,06
			,				←	0,006
			,				←	12,60
			,				←	78,39
			,				←	692,075

C	D	U	,	d	c	m		
			,				←	5 unités 3 dixièmes
			,				←	0 unité 4 centièmes
			,				←	deux cents unités 8 millièmes
			,				←	treize unités 5 dixièmes 7 millièmes
			,				←	quatre cent vingt unités quarante centièmes

2. Supprime les zéros inutiles.

700	700,07	700,0	070,7	707,070
0,070	007	7 000,700	7 700,700	0 070,070

3. Place la virgule de manière que ...

le 9 devienne le chiffre des unités : 4 6 9 2 4 0

le 5 devienne le chiffre des dixièmes : 3 7 8 6 5 1

le 0 devienne le chiffre des centièmes : 3 2 1 7 0 4

ce nombre soit le plus grand nombre à virgule possible : 6 9 1 5 2 3

le 2 devienne le chiffre des millièmes : 7 5 8 0 1 2

4. Écris en chiffres.

8 dixièmes → ....

5 centièmes → ....

1 unité sept dixièmes → ....

1 dixième et 7 centièmes → ....

4 unités et 8 millièmes → ....

8 unités 3 dixièmes → ....

4 centièmes 9 millièmes → ....

5. Écris en lettres.

0,4 → ....

1,06 → ....

13,002 → ....

3,71 → ....

7,63 → ....

0,009 → ....

127,320 → ....

24,136 → ....

6. Complète par < , > ou = .

80,6	....	80,60	6 070	....	6 070,0
0,05	....	0,5	4,090	....	4,9
2,340	....	2,34	3,050	....	3,5
6,1	....	6,070	13,8	....	13,08
80,8	....	808	0,845	....	0,485

7. Entoure d'un carré le plus petit nombre de chaque série, d'un cercle le plus grand.

8,008 - 8080 - 8,088 - 8,000

7,23 - 7,030 - 7,003 - 7,302 - 7,320

2,05 - 2,2 - 2,25 - 2,3 - 2,100

1,0001 - 1,001 - 1,1 - 1,01 - 1,111

8. Classe ces nombres par ordre croissant.

0 - 0,1 - 0,01 - 0,005 - 5 .... < .... < .... < .... < ....

3,002 - 3,020 - 3,200 - 3,102 - 3,022 .... < .... < .... < .... < ....

2,49 - 2,6 - 2,051 - 2,501 - 2,06 .... < .... < .... < .... < ....

6,431 - 6,314 - 6,413 - 6,134 - 6,341 .... < .... < .... < .... < ....

9. Classe ces nombres par ordre décroissant.

0,5 - 0,55 - 0,05 - 0,555 - 0 .... > .... > .... > .... > ....

42,2 - 42,02 - 42,22 - 42,002 - 42,222 .... > .... > .... > .... > ....

12,067 - 10,66 - 6,706 - 11,67 - 12,607 .... > .... > .... > .... > ....

10,99 - 10,909 - 10,999 - 10,099 - 14,1 .... > .... > .... > .... > ....

10. Continue les séries.

63	63,01	63,02	....	....	....	....	....	
2,05	2,07	2,09	....	....	....	....	....	
8,95	8,9	....	....	....	....	....	....	
1	0,99	0,........	....	....	....	....	....	
16,35	16,45	....	....	....	....	....	....	
100	99,95	....	....	....	....	....	....	
80	80,003	....	....	....	....	....	....	

11. Lis les nombres. Souligne les nombres plus petits que 1,5. Entoure les nombres entre 2,5 et 25.

0,673	1,29	10,4	96,032	1,45	24,365	126,036
1,763	1,93	2,49	25,003	0,999	25,035	20,689

12. Complète par le nombre manquant.

0,75 c'est 0,50 et ....

0,75 c'est trois fois ....

0,75 c'est .... de moins que 1 ....

0,755 c'est 0,350 et ....

0,935 c'est 0,005 et ....

0,80 c'est .... et 0,15

0,80 c'est deux fois ....

0,80 c'est .... de moins que 1 ....

0,888 c'est quatre fois ....

0,835 c'est .... de moins que 1 ....

Calculer avec des nombres décimaux

1. Forme 1 unité.

1 = 0,7 + ...	1 = 0,5 + ...	1 = 0,93 + ...
1 = 0,26 + ...	1 = 0,350 + ...	1 = 0,093 + ...
1 = 0,3 + ...	1 = 0,002 + ...	1 = 0,09 + ...
1 = 0,225 + ...	1 = 0,74 + ...	1 = 0,903 + ...

2. Complète l'égalité en écrivant les décimales prévues par un point.

2,6 = 2 ,**60**	60 = 60 ,........	61,010 = 61 , ...
62,720 = 62 ,........	7,020 = 7 , ...	0,07 = 0 ,........
15,20 = 15 ,........	4,2 = 4 , ...	9,000 = 9 , ...

3. Entoure les paires dont la somme est un nombre entier.

0,750 et 0,25	0,87 et 0,870	2,07 + 3,70
0,125 et 0,775	7,4 et 1,60	5,994 + 0,06
0,001 et 0,900	0,6 et 0,04	18,32 + 2,680

4. Additionne.

2 + 0,3 = ...	95,3 + 4,09 = ...	1,24 + 2,315 = ...
4 + 0,27 = ...	109,04 + 72 = ...	13,66 + 1,23 = ...
10 + 0,063 = ...	10,52 + 4,08 = ...	126,001 + 0,3 = ...
0,5 + 0,4 = ...	1,32 + 0,06 = ...	75,64 + 0,006 = ...
0,8 + 0,03 = ...	1,623 + 0,09 = ...	173,20 + 42,1 = ...

5. Soustrais.

1 - 0,08 = ...

100 - 0,5 = ...

2 - 0,155 = ...

10,6 - 0,8 = ...

5,125 - 0,75 = ...

100 - 3,6 = ...

7,3 - 2,42 = ...

0,7 - 0,009 = ...

102,6 - 2,66 = ...

100 - 13,3 = ...

1,12 - 0,57 = ...

1,33 - 0,227 = ...

5,5 - 2,39 = ...

10,58 - 0,9 = ...

17,125 - 2,7 = ...

6. Multiplie.

8 x 0,25 = ...

2 x 0,6 = ...

0,4 x 7 = ...

0,150 x 6 = ...

0,003 x 4 = ...

4 x 0,002 = ...

7 x 1,3 = ...

3,5 x 3 = ...

2 x 1,005 = ...

0,23 x 6 = ...

1,002 x 5 = ...

0,75 x 4 = ...

0,04 x 12 = ...

2,63 x 2 = ...

0,133 x 4 = ...

7. Divise.

0,24 : 4 = ...

0,009 : 3 = ...

0,288 : 4 = ...

2 : 5 = ...

0,30 : 6 = ...

4,2 : 2 = ...

3,6 : 0,9 = ...

0,95 : 5 = ...

0,888 : 8 = ...

2,15 : 5 = ...

1,477 : 7 = ...

7,255 : 5 = ...

30,26 : 2 = ...

1,92 : 4 = ...

2,25 : 9 = ...

8. Complète.

3,36 + ... = 4,2

12,136 + ... = 13,5

1,36 + ... = 3,368

8,45 - ...... = 6,2

624,3 - ...... = 578,7

0,42 : ...... = 0,06

5,6 : ...... = 0,7

0,15 : ...... = 0,005

1,4 : ...... = 2

5,4 : ...... = 0,6

4,5 = 3 x ......

3,60 = 9 x ......

0,3 = 6 x ......

2,1 = 7 x ......

0,025 = 5 x ......

GRANDS NOMBRES ET NOMBRES À VIRGULE

1. Complète le tableau.

Millions			Mille			Unités				Décimales			
C	D	U	C	D	U	C	D	U	,	d	c	m	
									,				326 724,56
									,				8 729 275,7
									,				1 987,306
						7	2	6	,	0	6		
			7	5	8	0	3	4	,	1			
							9	8	,	5	2	3	
		9	3	0	5	4	2	6	,	9			
	5	8	0	0	2	0	4	8	,	0	7	2	

2. Écris en chiffres.

3CM + 3DM + 2UM + 5C + 2D + 0U + 6d + 7c = ...

4DMi + 5UM + 4D + 3U + 2c = ...

5CMi + 8CM + 1DM + 6U + 9m = ...

Vingt-six mille deux cent dix unités et trente-deux millièmes = ...

Trois cent trente-trois mille unités et quatre dixièmes = ...

3. Dans le nombre 4 689 270,531 .

0 représente les ....

1 représente les ....

2 représente les ....

3 représente les ....

4 représente les ....

5 représente les ....

6 représente les ....

7 représente les ....

8 représente les ....

9 représente les ....

Les chiffres romains

Rappel :
I = 1 V = 5 X = 10 L = 50
C = 100 D = 500 M = 1 000

1. Écris les nombres suivants en chiffres romains.

8 = ...	40 = ...	104 = ...
9 = ...	25 = ...	568 = ...
11 = ...	234 = ...	1 326 = ...
57 = ...	99 = ...	2 011 = ...

2. Écris les nombres suivants en chiffres arabes.

VII = ...	CXLV = ...	DCCLIII = ...
XXIV = ...	MCI = ...	MCDXL = ...
XXXVIII = ...	MDLIV = ...	MCMXCII = ...
XLIX = ...	MDCXXII = ...	MDCCCLXXVI = ...

3. Effectue les opérations et écris le résultat en chiffres romains.

XII + VII = ...	IVCLXXIV - XL = ...
C + L = ...	MD : III = ...
D + XIII = ...	LIX - LVIII = ...

4. Mets le signe qui convient : < ou >

XVIII XIX	MDL .... MLX
CXV CXXI	LXV XLVI

LES NOMBRES NÉGATIFS

1. Complète.

0

.... 2 .... 4 ....

0

.... -5 .... 20 ....

0

.... -3 .... 9 ....

2. Écris les nombres suivants en ordre croissant.

-6 9 -12 -3 6 -20 -13

.... < .... < .... < .... < .... < .... < ....

0 -1 4 -16 19 -13 14

.... < .... < .... < .... < .... < .... < ....

-2 4 10 -6 5 11 -8

.... < .... < .... < .... < .... < .... < ....

3. Écris les nombres suivants en ordre décroissant.

-4 0 -2 3 10 -12 -16

.... > .... > .... > .... > .... > .... > ....

-8 -10 -3 1 -5 6 -9

.... > .... > .... > .... > .... > .... > ....

7 -8 2 -1 -14 13 8

.... > .... > .... > .... > .... > .... > ....

CALCUL MENTAL
x 10 - x 100 - x 1 000

MILLE			UNITÉS			,	DÉCIMALES			
C	D	U	C	D	U	,	d	c	m	
				4	1	,	2	3	3	
			4	1	2	,	3	3	←	x 10
		4	1	2	3	,	3	←	←	x 100
	4	1	2	3	3	,	←	←	←	x 1 000

1. Effectue.

28,826 x 100 = ...
686,1 x 1 000 = ...
6 461,1 x 1 000 = ...
731,7 x 100 = ...
230,62 x 100 = ...

810,3 x 1 000 = ...
36,79 x 10 = ...
6,529 x 10 = ...
3614,473 x 100 = ...
406,88 x 10 = ...

10 x 0,415 = ...
1 000 x 0,415 = ...
1 000 x 4,15 = ...
100 x 41,5 = ...
100 x 0,415 = ...

2. Retrouve le multiplicateur.

708,29 x .... = 7 082,9
865,2 x .... = 86 520
83,492 x .... = 83 492
47,167 x .... = 471,67
36,01 x .... = 360,1

4 596,3 x .... = 459 630
48,556 x .... = 48 556
16,46 x .... = 164,6
5 361,9 x .... = 53 619
882,6 x .... = 8 826

3. Complète.

x10							
	0,134	0,46	13,6	24,26	135,813	38,300	0,04
x1000							

CALCUL MENTAL
: 10 – : 100 – : 1 000

	MILLE			UNITÉS			,	DÉCIMALES		
	C	D	U	C	D	U	,	d	c	m
			3	2	6	4	,			
x 10	→	→	→	3	2	6	,	4		
x 100	→	→	→	→	3	2	,	6	4	
x 1 000	→	→	→	→	→	3	,	2	6	4

1. Effectue.

900 : 1 000 = ...
1 600 : 10 = ...
56,25 : 100 = ...
88,3 : 1 000 = ...
196,3 : 100 = ...

72 : 1 000 = ...
0,6 : 100 = ...
4,6 : 10 = ...
5 362,63 : 1 000 = ...
61 823,1 : 100 = ...

460 : 100 = ...
0,03 : 10 = ...
1 932 : 100 = ...
62 726,1 : 1 000 = ...
56,1 : 100 = ...

2. Retrouve le diviseur.

68 044 : .... = 68,044
9 642 : .... = 96,42
93 549,1 : .... = 93,5491
636 : .... = 0,636
200 250 : .... = 200,25

323,77 : .... = 32,377
360 : .... = 3,6
487,2 : .... = 0,4872
11 664 : .... = 116,64
50,2 : .... = 0,502

3. Complète.

: 100	
300	
61,03	
3,6	
0,01	
63 000	

: 1 000	
432	
826,6	
1 832	
56	
6,31	

71 000 → : 1 000 → ...
... ← : 100 ← ...
... → : 100 → ...
... ← : 10 ← ...

Calcul mental
x 5 – x 50 – x 500 – x 0,5

Rappel :

x 5 → x 10 : 2   x 500 → x 1 000 : 2

x 50 → x 100 : 2   x 0,5 → x 1 : 2

1. Effectue.

5 x 6,5 = ...

36,18 x 0,5 = ...

50 x 1 300 = ...

500 x 47,25 = ...

5 x 0,6 = ...

50 x 7,2 = ...

1,62 x 500 = ...

0,5 x 0,56 = ...

0,5 x 3,4 = ...

5,64 x 5 = ...

2. Écris de suite la réponse.

66 x 50 = ...

0,4 x 500 = ...

0,55 x 5 = ...

0,16 x 0,5 = ...

50 x 1,9 = ...

5 x 130 = ...

0,5 x 65,5 = ...

500 x 7,8 = ...

5 x 116,5 = ...

2 400 x 0,5 = ...

0,8 x 50 = ...

500 x 1,004 = ...

19,6 x 0,5 = ...

6,6 x 5 = ...

34,03 x 500 = ...

3. Complète.

x 100 → : 2

38		1 900
0,5		
0,852	85,2	
		2,1
		26,7

x 10 → : 2

248		
5,64		
	79,5	
	464,2	
		0,8

x 1 → : 2

	39,4	
		0,8
	5,6	
		0,18
		32,06

CALCUL MENTAL
: 5 – : 50 – : 500 – : 0,5

RAPPEL :

: 5 → : 10 x 2   : 500 → : 1 000 x 2

: 50 → : 100 x 2   : 0,5 → : 1 x 2

1. Effectue.

165 : 0,5 = ...

173 : 50 = ...

135 : 5 = ...

3 274,2 : 500 = ...

675 : 500 = ...

26,7 : 0,5 = ...

225,5 : 50 = ...

39,2 : 50 = ...

2. Relie et indique les opérations effectuées.

15,4	1,54	3 080
154	1 540	0,0308
1,54	0,0154	0,308
1 540	0,154	3,08

Exemple : 15,4 —(: 10)→ 1,54 —(x 2)→ 3,08

3. Complète.

316 —(x 5)→ .... —(: 5)→ .... —(x 50)→ .... —(: 50)→ .... —(x 0,5)→ .... —(: 50)→ ....

.... —(x 5)→ .... —(x 500)→ .... —(: 5)→ .... —(x 0,5)→ .... —(x 5)→ .... —(x 500)→ ....

CALCUL MENTAL
x 11 - x 110 - x 101 - x 1 001 - x 1,1

RAPPEL :

x 11 → x 10 + (1 x N)
x 110 → x 100 + (10 x N)
x 101 → x 100 + (1 x N)
x 1 001 → x 1 000 + (1 x N)
x 1,1 → x 1 + $(\frac{1}{10} \times N)$

1. Effectue.

11 x 72 = ...
....

101 x 4,32 = ...
....

110 x 84 = ...
....

1,1 x 59,02 = ...
....

430 x 1,1 = ...
....

627 x 1,1 = ...
....

110 x 15,46 = ...
....

9,4 x 11 = ...
....

69,03 x 101 = ...
....

13,6 x 101 = ...
....

2. < ou >.

75 x 11	....	5,3 x 110
101 x 6,7	....	0,013 x 101
1,1 x 1 200	....	0,12 x 110
1,1 x 55	....	5,5 x 11
1,8 x 110	....	1,91 x 101
110 x 0,7	....	0,631 x 11

3. Complète l'opérateur.

0,318 → .... → 3,498 → .... → 353,298 → .... → 388,6278 → .... → 42 749,058

CALCUL MENTAL
x 9 - x 90 - x 99 - x 900 - x 990 - x 0,9

RAPPEL :

x 9 → x 10 - (1 x N) x 900 → x 1 000 - (100 x N)
x 90 → x 100 - (10 x N) x 990 → x 1 000 - (10 x N)
x 99 → x 100 - (1 x N) x 0,9 → x 1 - $\frac{(1 \times N)}{10}$

1. Effectue.

4,5 x 9 = ...

900 x 12,6 = ...

99 x 47 = ...

0,9 x 235 = ...

42,6 x 99 = ...

9 x 6,2 = ...

0,9 x 147 = ...

990 x 62,03 = ...

2. Coche la décomposition correcte.

0,9 x 63 =

(10 x 63) - (0,1 x 63) ☐
(10 x 63) - (1 x 63) ☐
(1 x 63) - (0,1 x 63) ☐

9 x 46,52 =

(10 x 46,52) - (0,1 x 46,52) ☐
(10 x 46,52) - (1 x 46,52) ☐
(10 x 46,52) - (10 x 46,52) ☐

3. Corrige si la réponse est fausse.

78 x 900 = 70 200
58 x 99 = 5 745
77 x 9 = 696
926 x 0,9 = 833,4

78,3 x 0,9 = 71,47
908 x 90 = 81 720
9,24 x 99 = 914,76
67 x 990 = 66 360

5,27 x 990 = 5 217,3
1,9 x 90 = 175
12,4 x 0,9 = 11,16
9,26 x 900 =844

Calcul mental
x 1,5 - x 15 - x 150

Rappel :

x 1,5 → (x 1) + (1 x N : 2) x 150→(x 100) + (1 x N : 2)

x 15 → (x 10) + (1 x N : 2)

1. Effectue.

6 x 15 = ...

....

150 x 4,26 = ...

....

34 x 1,5 = ...

....

122 x 1,5 = ...

....

808 x 150 = ...

....

96,4 x 150 = ...

....

1,5 x 440 = ...

....

1,5 x 3,6 = ...

....

2. Relie le calcul à sa réponse.

15 x 0,5 = •	• 1 875
6,1 x 15 = •	• 7,5
12,5 x 150 = •	• 64 500
0,5 x 96,4 = •	• 54
150 x 430 = •	• 2 812,5
3,6 x 15 = •	• 91,5
15 x 187,50 = •	• 48,2

3. Invente trois calculs et résous-les en inscrivant le procédé.

.... x 1,5 = (..

.... x 15 = (..

150 x .... = (..

Calcul mental
On mélange...

1. Résous. Tu peux écrire le procédé si besoin.

346,2 x 1 001 = 346 546,2
8,2 x 990 = ...
6,35 x 15 = ...
132 x 9 = ...
99 x 2,38 = ...
12,8 x 0,9 = ...
46,3 x 1,1 = ...
76 x 99 = ...
8,77 x 90 = ...
18 x 1,5 = ...

0,73 x 110 = ...
6,32 x 150 = ...
96,41 x 1,5 = ...
38 x 1,1 = ...
8,4 x 101 = ...
6,78 x 9 = ...
27,3 x 900 = ...
0,36 x 1 001 = ...
283 x 11 = ...
51 x 0,9 = ...

2.

x 1,1							
	15	94,42	26	3,72	0,8	2,60	36,2
x 99							

3. Des devinettes...

426 x .... = 468,6
45 x .... = 4 050
18 x .... = 270
0,3 x .... = 297
2,4 x .... = 2 402,4
0,1 x .... = 15
0,36 x .... = 39,6

332 x .... = 298,8
56 x .... = 50 400
135 x .... = 202,5
8,6 x .... = 94,6
2,38 x .... = 21,42
124 x .... = 12 524
32,02 x .... = 3 169,98

CALCUL MENTAL
x 0,25 - x 2,5 - x 25 - x 250

RAPPEL :

x 0,25 → x 1 : 4   x 25 → x 100 : 4
x 2,5 → x 10 : 4   x 250 → x 1 000 : 4

1. Effectue.

25 x 380 = (**100 x 380**) **: 4=9 500** (**38 000**)

0,36 x 25 = (..............................

56 x 2,5 = (..............................

0,12 x 0,25 = (..............................

250 x 0,8 = (..............................

0,25 x 25 = (..............................

2,5 x 4,2 = (..............................

202 x 250 = (..............................

0,25 x 16 = (..............................

0,08 x 2,5 = (..............................

2. Complète.

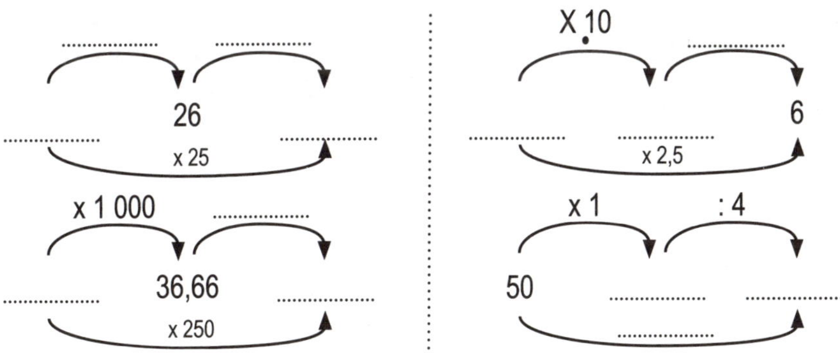

3. Mets la réponse de suite.

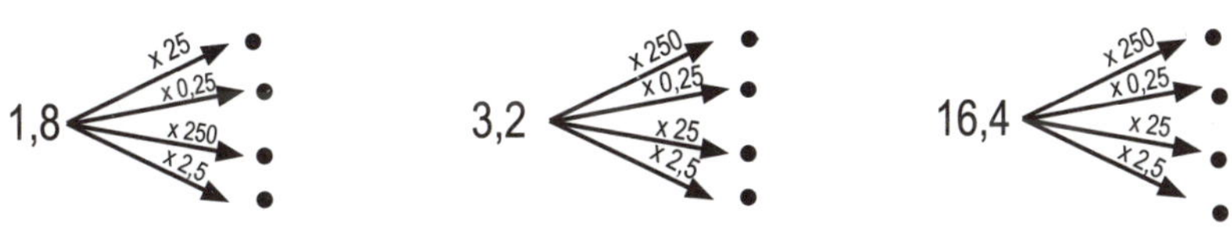

CALCUL MENTAL
: 0,25 – : 2,5 – : 25 – : 250

RAPPEL :

: 0,25 → : 1 x 4   : 25 → : 100 x 4
: 2,5 → : 10 x 4   : 250 → : 1 000 x 4

1. Effectue.

350 : 25 = ...

15,2 : 2,5 = ...

625 : 2,5 = ...

6 : 25 = ...

75 : 250 = ...

96 : 0,25 = ...

25 : 0,25 = ...

124,2 : 250 = ...

120 : 0,25 = ...

5,5 : 2,5 = ...

2. Coche la ou les réponses exacte(s).

<u>**350 : 25**</u>
= (350 : 4) x 100 ☐
= (350 x 4) : 100 ☐
= (350 : 100) x 4 ☐
= (350 x 100) x 4 ☐

<u>**60,4 : 2,5**</u>
= (60,4 x 4) : 10 ☐
= (60,4 : 10) x 4 ☐
= (60,4 x 10) x 4 ☐
= (60,4 : 4) x 10 ☐

<u>**6,4 : 250**</u>
= (6,4 : 1 000) x 4 ☐
= (6,4 x 4) : 1 000 ☐
= (6,4 x 1 000) : 4 ☐
= (6,4 : 4) x 1000 ☐

<u>**308 : 0,25**</u>
= (308 : 1) x 4 ☐
= (308 x 1) : 4 ☐
= (308 x 4) : 1 ☐
= (308 : 4) x 1 ☐

3. Complète.

: 0,25

36			280	4,4
	8	20		17,6

: 25

24		500		
	0,64		21,4	32

Calcul mental
x 75 – x 750 – x 7,5 – x 0,75

Rappel :

x 75 → (x 100 : 4) x 3   x 7,5 → (x 10 : 4) x 3
x 750 → (x 1 000 : 4) x 3   x 0,75 → (x 1 : 4) x 3

1. Effectue.

52 x 0,75 = ...

94 x 7,5 = ...

0,84 x 75 = ...

36 x 750 = ...

976 x 7,5 = ...

7,2 x 750 = ...

2,8 x 0,75 = ...

3,4 x 7,5 = ...

0,84 x 75 = ...

0,64 x 750 = ...

2. Relie le calcul à sa réponse.

12 x 75 = •	• 180
0,408 x 75 = •	• 42 000
24 x 7,5 = •	• 360
6 x 750 = •	• 900
416 x 0,75 = •	• 4 500
56 x 750 = •	• 312
48 x 7,5 = •	• 30,6
6,36 x 0,75 = •	• 4,77

3. Invente trois calculs et résous-les en inscrivant le procédé.

.... x 75 = (..

.... x 7,5 = (..

.... x 750 = (..

Calcul mental
: 75 – : 750 – : 7,5 – : 0,75

Rappel :

: 75 ⟶ (: 100 x 4) : 3
: 750 ⟶ (: 1 000 x 4) : 3
: 7,5 ⟶ (: 10 x 4) : 3
: 0,75 ⟶ (: 1 x 4) : 3

1. Effectue.

81 : 7,5 = ...	69 : 7,5 = ...
4 080 : 75 = ...	8,1 : 0,75 = ...
36 : 750 = ...	12 : 75 = ...
780 : 7,5 = ...	90 : 750 = ...
18 : 0,75 = ...	9,6 : 7,5 = ...

2. Corrige si nécessaire.

635 : 75 = (63 500 : 4) x 3 = 15 875 → ....

405 : 750 = (4,05 x 4) : 3 = 5,4 → ....

2,4 : 7,5 = (0,24 x 4) : 3 = 0,32 → ....

18 : 75 = (0,18 x 4) : 3 = 0,24 → ....

303 : 0,75 = (303 x 4) : 3 = 40,4 → ....

3. Invente et résous une division dont le diviseur est ...

75 = ...

750 = ...

0,75 = ...

7,5 = ...

CALCUL MENTAL
x 0,1 - x 0,01 - x 0,001

RAPPEL :

x 0,1 → : 10
x 0,01 → : 100
x 0,001 → : 1 000

1. Effectue.

172 000 x 0,001 = ...

32 600 x 0,1 = ...

120 x 0,01 = ...

43,5 x 0,1 = ...

0,18 x 0,01 = ...

2,7 x 0,001 = ...

323 200 x 0,1 = ...

446,67 x 0,01 = ...

1 942 x 0,1 = ...

297,5 x 0,01 = ...

0,03 x 0,1 = ...

36,5 x 0,001 = ...

0,021 x 0,1 = ...

500 x 0,001 = ...

2. Complète.

= 725
7,25 ....
72,5 ....
0,725 ....

= 62,3
0,623 ....
6,23 ....
62,3 ....

= 9 186
9,186 ....
91,86 ....
918,6 ....

3. Complète.

x 0,1

826,6	
	30,76
0,04	
144,1	
	1 942

x 0,001

4 756,3	
17,1	
	1,25
	0,3
	119

x 0,01

1 862 123	
	4,8
780,44	
460	

CALCUL MENTAL
: 0,1 – : 0,01 – : 0,001

RAPPEL :

: 0,1 → x 10
: 0,01 → x 100
: 0,001 → x 1 000

1. Effectue.

3 : 0,1 = ...

45 : 0,01 = ...

4,3 : 0,001 = ...

0,85 : 0,1 = ...

94,88 : 0,01 = ...

32 673 : 0,01 = ...

38,56 : 0,001 = ...

7 612 : 0,01 = ...

54,076 : 0,1 = ...

78,94 : 0,001 = ...

0,658 : 0,01 = ...

9 898,2 : 0,1 = ...

8,02 : 0,1 = ...

879 : 0,01 = ...

2. Relie le calcul à son résultat.

1,5 : 0,1	0,15 : 0,1	0,15 : 0,001
1,5	15	150
1,5 : 0,01	0,015 : 0,01	0,015 : 0,001

3. Complète.

2 561 : .... = 256 100

7 712 : .... = 77 120

254,2 : .... = 25 420

53,95 : .... = 539,5

0,425 : .... = 425

3 : .... = 300

0,876 : .... = 87,6

1 046 : .... = 10 460

9 635,452 : .... = 963 545,2

4,025 : .... = 4 025

CALCUL MENTAL

x 20... – x 200... – x 2000... /: 20... – : 200... – : 2000...

RAPPEL :

: 20 → : 10 ... : 2 ; ...
: 200 → : 100 ... : 2 ; ...
: 2 000 → : 1 000 ... : 2 ; ...

: 30 → : 10 ... : 3 ; ...
: 300 → : 100 ... : 3 ; ...
: 3 000 → : 1 000 ... : 3 ; ...

RAPPEL :

x 20 → x 10 ... x 2 ; ...
x 200 → x 100 ... x 2 ; ...
x 2 000 → x 1 000 ... x 2 ; ...

x 30 → x 10 ... x 3 ; ...
x 300 → x 100 ... x 3 ; ...
x 3 000 → x 1 000 ... x 3 ; ...

Résous les calculs suivants en écrivant la démarche.

2,6 x 200 = (2,6 x 100) x 2 = 520
48,4 x 3 000 = ...
420,25 x 9 000 = ...
48,6 : 6 000 = ...
186 : 30 = ...
24 234 : 400 = ...
64 : 2 000 = ...
390 x 80 = ...
525 : 500 = ...
213,06 x 40 = ...
82,96 : 20 = ...
17,4 : 200 = ...
384 : 60 = ...
942 : 400 = ...
624,003 x 200 = ...

640 x 700 = ...
73 x 60 = ...
0,21 : 7 000 = ...
6,42 : 60 = ...
3,9 : 300 = ...
3 647,04 x 90 = ...
942 : 40 = ...
9,69 : 30 = ...
28 x 400 = ...
124,74 x 600 = ...
601,250 x 200 = ...
64 : 8 000 = ...
770 x 800 = ...
650,25 x 7 000 = ...
21,3 : 3 000 = ...

CALCUL MENTAL
ON MÉLANGE...

1. Résous. Tu peux écrire le procédé si besoin.

700 x 0,75 = ...

0,84 x 25 = ...

4,8 : 25 = ...

37 x 0,1 = ...

94 : 7,5 = ...

85 x 2,5 = ...

3,14 x 0,01 = ...

1,6 x 75 = ...

7,5 : 0,25 = ...

3,6 : 0,1 = ...

9,6 x 7,5 = ...

12 : 750 = ...

52,5 x 250 = ...

480 : 75 = ...

3 : 2,5 = ...

82,5 x 0,001 = ...

500 : 0,01 = ...

0,9 : 0,75 = ...

0,25 x 0,25 = ...

9,8 x 750 = ...

92,5 : 250 = ...

0,36 : 0,001 = ...

2. Relie le calcul à sa réponse.

31 x 7,5 = •	• 0,43
3 243 : 0,1 = •	• 0,135
56 : 25 = •	• 2,24
16 : 0,75 = •	• 24 100
4,3 x 0,1 = •	• 232,5
96,4 x 250 = •	• 21,3
13,5 x 0,01 = •	• 32 430

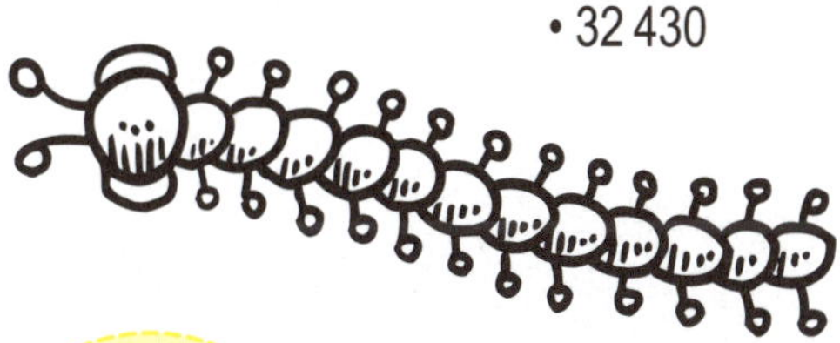

CALCUL MENTAL
ATTENTION UN PEU DE TOUT

Effectue les calculs en écrivant les procédés si nécessaire.

21,4 x 2,5 = ...

3,002 x 10 = ...

3,9 : 30 = ...

6,12 x 9 = ...

276 x 0,25 = ...

670 x 1,5 = ...

3,72 x 50 = ...

7,8 x 250 = ...

0,062 x 100 = ...

724 x 90 = ...

365,2 x 110 = ...

575 : 25 = ...

1,48 x 200 = ...

26 : 0,25 = ...

10,2 : 100 = ...

125,5 x 40 = ...

72,5 x 15 = ...

22,4 : 50 = ...

825 : 250 = ...

13,13 x 990 = ...

585,5 x 500 = ...

32,64 x 101 = ...

0,04 x 1,1 = ...

230 x 7,5 = ...

264,22 : 10 = ...

334 x 5 = ...

0,18 x 750 = ...

2,43 x 1 000 = ...

66 000 : 75 = ...

7,2 x 250 = ...

426 : 1 000 = ...

900,4 : 500 = ...

0,224 x 75 = ...

4,96 : 0,5 = ...

3,724 x 1 000 = ...

92,5 : 0,25 = ...

0,84 x 25 = ...

96 363 : 3 000 = ...

3,2 x 99 = ...

96,6 x 150 = ...

136,5 : 5 = ...

63,28 x 11 = ...

110 700 : 900 = ...

120 : 7,5 = ...

0,002 x 1 001 = ...

25,73 x 999 = ...

264,2 x 0,75 = ...

888 : 750 = ...

Calcul mental
Attention un peu de tout

1. Calcule mentalement en indiquant chaque résultat.

130

+ 37 = ...
- 28 = ...
+ 47 = ...
- 19 = ...

31

+ 24 = ...
- 16 = ...
x 5 = ...
: 2 = ...

43

+ 45 = ...
- 13 = ...
x 0,1 = ...
: 5 = ...

24,7

- 20,9 = ...
x 25 = ...
x 0,01 = ...
: 0,1 = ...

8,1

: 9 = ...
x 7 = ...
+ 1,5 = ...
- 3,9 = ...

54

: 3 = ...
+ 9,75 = ...
- 2,50 = ...
: 5 = ...

21

x 9 = ...
- 13 = ...
: 4 = ...
x 1,5 = ...

71

x 9 = ...
: 2 = ...
- 13 = ...
x 0,75 = ...

3,75

+ 1,50 = ...
x 11 = ...
- 5,75 = ...
x 0,9 = ...

0,8

x 11 = ...
x 5 = ...
x 1,1 = ...
+ 11,6 = ...

7

: 0,1 = ...
: 0,5 = ...
: 5 = ...
: 0,25 = ...

450

: 0,75 = ...
: 25 = ...
: 5 = ...
: 0,01 = ...

TECHNIQUE DE CALCUL
LA COMPENSATION DANS L'ADDITION

OBSERVE :

396 + 207 = 400 + 203 = 603
(+ 4) (-4) =

49,85 + 6,25 = 50 + 6,10 = 56,10
(+0,15) (-0,15)

1. Remplace un calcul difficile par un calcul plus simple.
Agis sur les 2 termes.

	346 + 598	
....	.... + ...	....

	699 + 265	
....	.... + ...	....

	6 420 + 2 299	
....	.... + ...	....

	1,9 + 2,47	
....	.... + ...	....

	32,06 + 4,99	
....	.... + ...	....

	36,999 + 25,426	
....	.... + ...	....

2. Effectue.

3 600 + 499 = ...

699 + 40 234 = ...

2,99 + 3,66 = ...

39 000 + 6 005 = ...

100,25 + 7,65 = ...

1,7 + 17,7 = ...

TECHNIQUE DE CALCUL
LA COMPENSATION DANS LA SOUSTRACTION

OBSERVE :

812 - 454 = 808 - 450 = 358
(-4) (-4)

45,1 - 10,9 = 45,2 - 11 = 34,2
(+0,1) (+0,1)

**1. Remplace un calcul difficile par un calcul plus simple.
Agis sur les 2 termes.**

445 - 99
.... - ....

17,3 - 9,8
.... - ....

2 005 - 1 995
.... - ....

85,2 - 9,7
.... - ....

2 072 - 612
.... - ....

60 - 14,999
.... - ....

2. Effectue.

4 000 - 1 598 = ...

41,06 - 4,8 = ...

630 - 26,998 = ...

8,06 - 2,99 = ...

8,89 - 3,07 = ...

3. Coche la ou les opération(s) équivalente(s).

<u>7 427 - 106</u> = 7 421 - 100 ☐

= 7 433 - 100 ☐

= (7 427 - 100) - 6 ☐

TECHNIQUE DE CALCUL

LA COMPENSATION DANS LA MULTIPLICATION

OBSERVE :

36 x 25 = 9 x 100 = 900
(:4) (x4)

6,5 x 0,3 = 0,65 x 3 = 1,95
(:10) (x10)

1. Remplace un calcul difficile par un calcul plus simple. Agis sur les 2 facteurs.

48 x 5
.... → .... x .... ← ....

500 x 7,82
.... → .... x .... ← ....

36 x 15
.... → .... x .... ← ....

1,5 x 24
.... → .... x .... ← ....

2,5 x 12
.... → .... x .... ← ....

3,5 x 12
.... → .... x .... ← ....

2. Effectue.

4,5 x 16 = ...

0,3 x 1 200 = ...

44 x 2,5 = ...

0,56 x 125 = ...

3. Combien de pièces dans 1 euro?

1 € =

x 2,5	**2**	pièces de 50 cents	**: 2,5**
x 2	....	pièces de 20 cents	....
x 5	....	pièces de 10 cents	....
x 2	....	pièces de 2 cents	....
	....	pièces de 1 cent	

TECHNIQUE DE CALCUL

LA COMPENSATION DANS LA DIVISION

OBSERVE :

175 : 25 = 350 : 50 = 7
(x2) (x2)

1. Remplace un calcul difficile par un calcul plus simple.
Agis sur les 2 facteurs.

	37	:	5			44	:	0,2	
....	....	:	....	....	....	....	:	....	....
	275	:	0,5			64	:	0,4	
....	....	:	....	....	....	....	:	....	....
	1 350	:	50			20	:	2,5	
....	....	:	....	....	....	....	:	....	....

2. Effectue.

43 : 5 = ...

30 600 : 500 = ...

4 800 : 200 = ...

6 400 : 800 = ...

3. Quels nombres puis-je diviser pour trouver 500?

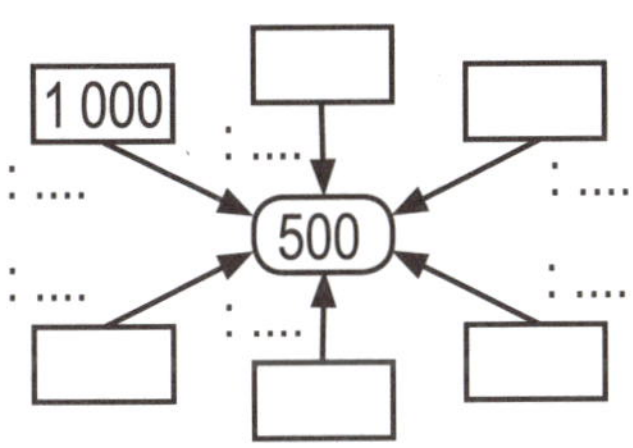

x 4	1 000	:	2	x 4	= 500
	4 000	:	....		= 500
....	....	:	....	....	= 500
....	....	:	....	....	= 500
....	....	:	....	....	= 500
....	....	:	....	....	= 500

TECHNIQUE DE CALCUL

LA DISTRIBUTIVITÉ DANS L'ADDITION

OBSERVE BIEN LES EXEMPLES :

4 624 5 424 5 494

3 624 + 1 875 = (3 624 + 1 000) + 800 + 70 + 5 = 5 499

1 000 + 800 + 70 + 5

3 015,5 3 095,5 3 103,5 3 103,9

2 215,5 + 888,42 = (2 215,5 + 800) + 80 + 8 + 0,4 + 0,02 = 3 103,92

800 + 80 + 8 + 0,4 + 0,02

Effectue.

1 974 + 378 = ...

121 340 + 35 098 = ...

22 186 + 987 = ...

73 543 + 306 095 = ...

127,58 + 4,666 = ...

0,075 + 1 327,5 = ...

6304,125 + 1987,35 = ...

TECHNIQUE DE CALCUL
LA DISTRIBUTIVITÉ DANS LA SOUSTRACTION

OBSERVE BIEN LES EXEMPLES :

2 806 1 906 1 826

3 806 - 1 987 = (3 806 - 1 000) - 900 - 80 - 7 = 1 819

1 000 + 900 + 80 + 7

4 105,4 4 035,4 4 031,4 4 031,3

4 905,4 - 874,17 = (4 905,4 - 800) - 70 - 4 - 0,1 - 0,07 = 4 031,23

800 + 70 + 4 + 0,1 + 0,07

Effectue.

14 310 - 798 = (....

784 987 - 8 726 = (....

393 550 - 14 568 = (....

93 - 0,045 = (....

192 083 - 54 874 = (....

10 000,5 - 7,65 = (....

1 025,485 - 898,5 = (....

294 069 - 0,195 = (....

TECHNIQUE DE CALCUL
LA DISTRIBUTIVITÉ DANS LA MULTIPLICATION

OBSERVE BIEN LES EXEMPLES :

160   24

46 x 4 = (40 x 4) + (6 x 4) = 184

40   6

2400   360   30   5,4

6 x 465,9 = (6 x 400) + (6 x 60) + (6 x 5) + (6 x 0,9) = 2 795,4

400 + 60 + 5 + 0,9

480   18

MAIS AUSSI ⚠ → **77 x 6 = (80 x 6) - (3 x 6) = 462**

1. Effectue.

308 x 7 = (....

4 x 5,25 = (....

3,624 x 7 = (....

6 x 4 521 = (....

8 x 1 432,7 = (....

8 x 3,95 = (....

499 x 5 = (....

6 x 5,97 = (....

19,85 x 3 = (....

2. Réfléchis et coche la bonne réponse.

6 x 20 = 120

Si je multiplie les termes par 2, le produit devient...

2 fois plus grand	☐	4 fois plus grand	☐
4 fois plus petit	☐	Ne change pas	☐

TECHNIQUE DE CALCUL
LA DISTRIBUTIVITÉ DANS LA DIVISION

OBSERVE BIEN LES EXEMPLES :

10 3
78 : 6 = (60 : 6) + (18 : 6) = 13
60 18

60 3
441 : 7 = (420 : 7) + (21 : 7) = 63
420 21

1 0,4
5,6 : 4 = (4 : 4) + (1,6 : 4) = 1,4
4 1,6

1,2 0,04
MAIS AUSSI ⚠ → **8,12 : 7 = (8,40 : 7) - (0,28 : 7) = 1,16**

Effectue. Choisis le procédé qui convient le mieux.

....

258 : 6 = (..

....

1 710 : 18 = (..

....

228 : 12 = (..

....

2 955 : 15 = (..

....

29,85 : 5 = (..

....

195 : 15 = (..

....

35,2 : 8 = (..

TECHNIQUE DE CALCUL
L'ASSOCIATIVITÉ DANS L'ADDITION

OBSERVE BIEN LES EXEMPLES :

700 500

463 + 139 + 237 + 361 = (463 + 237) + (139 + 361) = 1 200

28

23,6 + 5,5 + 4,4 = (23,6 + 4,4) + 5,5 = 28 + 5,5 = 33,5

1. Effectue.

635 + 87 + 265 = (……………………………………

3 600 + 2 600 + 3 400 = (……………………………………

1 800 + 624 + 3 200 = (……………………………………

735 + 48 + 165 + 22 = (……………………………………

396 + 2 931 + 204 + 69 = (……………………………………

3,75 + 8 + 2,25 + 2 = (……………………………………

77,1 + 8,5 + 12,5 = (……………………………………

13,48 + 3,3 + 2,52 + 12,7 = (……………………………………

0,34 + 0,15 + 0,36 + 0,35 = (……………………………………

6,8 + 3,75 + 3,25 + 13,2 = (……………………………………

……………………………………………………………………………………

2. Quels nombres vas-tu grouper pour résoudre rapidement ces opérations? Coche la bonne réponse.

2,8 + 5,6 + 17,2 =

= 2,8 et 5,6 ☐

= 2,8 et 17,2 ☐

= 5,6 et 17,2 ☐

33,7 + 6,3 + 32,07 =

= 33,7 et 6,3 ☐

= 33,7 et 32,07 ☐

= 6,3 et 32,07 ☐

TECHNIQUE DE CALCUL
L'ASSOCIATIVITÉ DANS LA MULTIPLICATION

OBSERVE BIEN L'EXEMPLE :

10 120

2,5 x 6 x 4 x 20 = (2,5 x 4) x (6 x 20) = 1 200

1. Effectue

7 x 125 x 5 x 8 = ... x .... = ...

15 x 5 x 2 x 8 = ... x .... = ...

250 x 8 x 3 x 4 = ... x .... = ...

25 x 9 x 5 x 8 = ... x .... = ...

50 x 2 x 17 x 4 = ... x .... = ...

0,5 x 2 x 3 = ... x .... = ...

0,25 x 9 x 8 = ... x .... = ...

0,125 x 4 x 6 x 1 = ... x .... = ...

1,5 x 7 x 6 x 40 = ... x .... = ...

2,5 x 7 x 4 x 2 = ... x .... = ...

2. Décompose en un produit de un ou plusieurs facteurs.

OBSERVE BIEN LES EXEMPLES :

1000 6

375 x 16 = 125 x 3 x 8 x 2 = (125 x 8) x (3 x 2) = 6000

10

2,5 x 28 = 2,5 x 4 x 7 = (2,5 x 4) x 7 = 70

45 x 6 = ...

250 x 14 = ...

125 x 32 = ...

875 x 72 = ...

TECHNIQUE DE CALCUL
L'ASSOCIATIVITÉ OU NON DES 4 OPÉRATIONS

1. Écris les signes +, -, x, : dans les carrés. Sur une même ligne horizontale, tu dois écrire 4 fois le même signe.

a) (420 □ 20) □ 15 = 420 □ (20 □ 15)

420 □ (20 □ 15) = (420 □ 20) □ 15

420 □ (20 □ 15) ≠ (420 □ 20) □ 15

(420 □ 20) □ 15 ≠ 420 □ (20 □ 15)

b) (830 □ 22) □ 6 = 830 □ (22 □ 6)

830 □ (22 □ 6) ≠ (830 □ 22) □ 6

830 □ (22 □ 6) = (830 □ 22) □ 6

(830 □ 22) □ 6 ≠ 830 □ (22 □ 6)

2. Vrai ou faux ?

Tu en conclus que...

La division est associative

La multiplication est associative

L'addition est associative

La soustraction est associative

TECHNIQUE DE CALCUL
LE RÔLE DES PARENTHÈSES, CROCHETS ET ACCOLADES

1. Résous.

2 x (3,5 + 4) = **2 x 7,5 = 15**

(2 x 3,5) + 4 = ...

(3 500 : 5) + 5 = ...

3 500 : (5 + 5) = ...

(1,65 + 2) x 6 = ...

(10 x 4) : (1 + 4) = ...

(200 - 50) - (150 : 3) = ...

12 x (6 : 2) + 6 = ...

500 : (100 : 5) x 10 = ...

9 000 - (3 500 + 1 400) - 600 =

....

2. Écris les ( ) afin d'arriver au résultat.

80 + 20 x 10 = 1 000

480 : 60 + 30 = 38

12,5 x 2 x 4 = 100

360 : 12 : 6 = 180

4,8 + 3,2 : 8 = 1

2 500 : 5 + 26 - 12 = 514

48 + 6 x 3 + 2 : 1 = 67

150 : 75 + 25 x 5 = 127

0,875 + 0,125 x 2 - 1 = 1

1 000 : 10 x 60 : 4 = 1 500

3. <, =, >.

(180 : 6) : 3 .... 180 : (6 : 3)

(5 x 6) x 6 .... 5 x (6 x 6)

(80 : 10) : 2 .... 80 : (10 : 2)

(12,5 x 4) x 2 .... 12,5 x (4 x 2)

(36 : 6) : 3 .... 36 : (6 : 3)

(2,5 x 6) x 4 .... 2,5 x (6 x 4)

360 x (6 : 6) .... (360 x 6) : 6

(0,25 - 0,125) x 2 .... 0,25 - (0,125 x 2)

(40 x 30) + (3 x 40) .... 40 x (30 + 3 + 40)

(30 x 3) : (0,5 x 10) .... 30 x [(3 : 0,5) x 10]

4. Effectue.

[(1 000 : 100) x 5] : 2 = ...

(1 000 : 100) x (5 : 2) = ...

[1 000 : (100 x 5)] : 2 = ...

1 000 : [100 x (5 : 2)] = ...

1 000 : [(100 x 5) : 2] = ...

[(8 + 2) x 5] - (6 : 3) = ...

9 + { [(2 x 8) - 6] : 2 } = ...

[(6 + 2) x (8 - 6)] : 4 = ...

{ [6 + (2 x 8)] - 1 } : 3 = ...

6 + { 2 x [(15 - 6) : 3] } = ...

5. Relie les calculs et les réponses.

[18 - (3 x 2)] + (12 : 2) •	• 4
{ [(18 - 3) x 2] + 4 } : 2 •	• 18
{ 18 - [(3 x 2) + 4] } : 2 •	• 17
[(18 - 3) x (2 + 4)] : 2 •	• 45
18 - { [(3 x 2) + 4] : 2 } •	• 13
18 - [(3 x 2) + (4 : 2)] •	• 10

6. Complète.

a	b	c	a x (b + c)	(a + b) x c	a x b xc	a x (b - c)
50	10	20				
40	60	6				
20	100	10				
2	50	1				
30	60	2				

LES CARACTÈRES DE DIVISIBILITÉ

1. Complète les règles de divisibilité.

a. Divisibles par 2 : tous les nombres ....

b. Divisibles par ☐ : tous les nombres dont les deux derniers chiffres sont divisibles par 4.

c. Divisibles par ☐ : tous les nombres terminés par 0 ou 5.

d. Divisibles par ☐ : tous les nombres dont la somme des chiffres est divisible par 3. (ex. 354 → 3 + 5 + 4 = 12)

e. Divisibles par ☐ : tous les nombres dont la somme des chiffres est divisible par 9. (ex. 972 → 9 + 7 + 2 = 18)

f. Divisibles par 10 : tous les nombres ....

g. Divisibles par 100 : tous les nombres ....

h. Divisibles par ☐ : tous les nombres dont les deux derniers chiffres sont des multiples de 25.

i. Divisibles par ☐ : tous les nombres dont les trois derniers chiffres sont des multiples de 8.

j. Divisibles par 125 : tous les nombres dont les trois derniers chiffres sont des ....

2. Entoure... en vert les nombres divisibles par 2,
en bleu les nombres divisibles par 5 et
en rouge les nombres divisibles par 10.

6 798	66 942	88 730	315 367	56 375
142 988	1 623 200	77 694	98 825	20 363
248 941	4 060	36 485	56 020	1 313 621

3. Remplace chaque point par un chiffre pour que le nombre soit divisible.

par 2	par 5	par 10	par 100
160 •	275 •	24 •	75 • •
2 • 0	3 • 00	6 • 0	3 • • •
382 •	2 • 6 •	2 • • •	1 • 4 • •
1 •	3 • 1 •	• 50	• 7 • •
6 • • 6	• 3 • •	• 7 •	5 • 0 •

4. Indique si chacun de ces nombres est divisible par 2, 3, 4, 5 ou 9.

22 092 est divisible par = ...

2 916 est divisible par = ...

63 594 est divisible par = ...

5. Souligne les nombres qui sont divisibles par 25.

725 55 275 6 300 268 5 405 1 550 650

6. Réponds par vrai ou faux.

- 69 764 n'est divisible que par 2
- Un nombre divisible par 100, l'est par 4 et 25
- Un nombre divisible par 9 est toujours divisible par 3
- Un nombre divisible par 3 est toujours divisible par 9
- Tous les nombres qui sont divisibles par 10 sont aussi divisibles par 100

7. Complète ces nombres par 2 chiffres pour qu'ils soient divisibles :

par 4 et pas par 100	=	64...
par 25 et pas par 4	=	50...
par 2 mais pas par 5	=	18...
par 3 mais pas par 9	=	593...

8. Détermine le reste sans effectuer la division.

417 : 5 reste	....	2 063 : 9 reste	....
3 223 : 10 reste	....	538 : 2 reste	....
230 : 25 reste	....	1 022 : 3 reste	....
375 : 4 reste	....	13 005 : 25 reste	....
8 341 : 100 reste	....	6 714 : 4 reste	....

9. Souligne les nombres qui sont divisibles par...

2 →	418	149	640	1 082	16 724
5 →	823	545	320	7 000	27 632
10 →	310	225	480	3 675	56 000
4 →	160	241	4 106	7 282	25 800
25 →	150	370	675	1 843	82 265
100 →	703	200	727	4 600	38 740
3 →	354	117	410	3 009	29 180
9 →	972	334	752	4 122	18 004
8 →	248	177	378	2 000	45 240

LES FRACTIONS
LA NOTION DE FRACTION.

1. Lis les fractions suivantes puis dessine les segments qu'elles représentent à l'aide d'une unité de 20 carreaux de long.

u

$\frac{1}{2}$

$\frac{1}{4}$

$\frac{1}{5}$

$\frac{3}{5}$

$\frac{3}{4}$

$\frac{2}{10}$

$\frac{21}{20}$

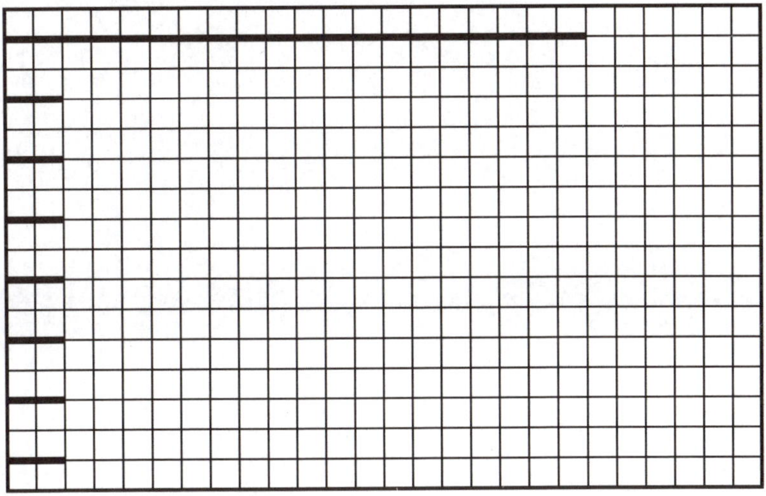

2. Complète.

a) 3 fractions ordinaires :

b) 3 fractions égales à l'unité :

c) 3 expressions fractionnaires :

d) 3 nombres fractionnaires :

e) 3 fractions décimales :

f) 3 pourcentages :

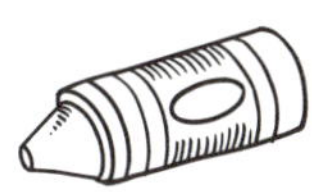

g) Écris une fraction où le dénominateur sera 6 :

h) Écris une fraction où le numérateur sera 8 :

3. Colorie.

a) 4/100 de ce carré en rouge
b) 1/5 de ce carré en bleu
c) 1/10 de ce carré en jaune
d) 6% de ce carré en vert
e) Quelle fraction de ce carré n'a pas été coloriée?

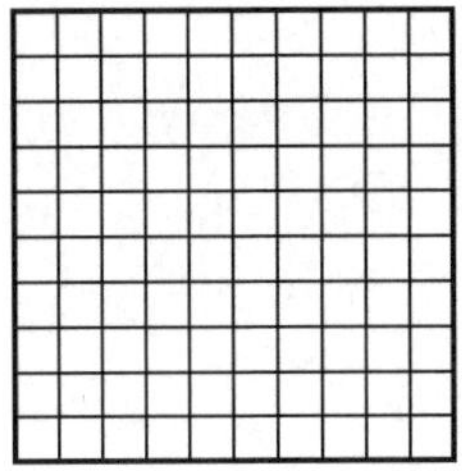

....

4. Voici les 5/12 d'un rectangle.

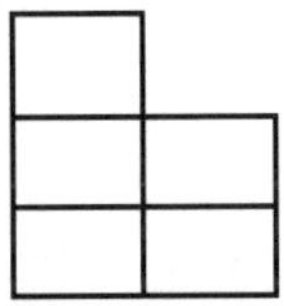

Reconstitue ce rectangle

....

5. Trouve le rapport qui existe entre :

30 secondes et une heure →

10h et un jour →

5€ et 1 000€ →

1 semaine et un an →

3 minutes et 1 heure →

un semestre et une année →

les rouges et les noires d'un jeu de 52 cartes →

l'ensemble des voyelles et l'ensemble des lettres →

LES FRACTIONS D'UN NOMBRE

OBSERVE :

$\frac{1}{4}$ **de 32 = 32 : 4 = 8** $\frac{3}{4}$ **de 32 = (32 : 4) x 3 = 24**

1. Effectue.

$\frac{7}{8}$ de 56 =

$\frac{3}{5}$ de 500 =

$\frac{4}{9}$ de 8 100 =

$\frac{6}{7}$ de 630 =

$\frac{8}{9}$ de 630 =

$\frac{9}{7}$ de 490 =

$\frac{2}{6}$ de 3 600 =

$\frac{1}{5}$ de 205 =

$\frac{3}{4}$ de 420 =

$\frac{1}{9}$ de 108 =

2. Complète.

$4 = \frac{1}{4}$ de

$6 = \frac{1}{5}$ de

$15 = \frac{3}{4}$ de

$16 = \frac{2}{3}$ de

$20 = \frac{4}{5}$ de

$72 = \frac{8}{8}$ de

$12 = \frac{4}{7}$ de

$25 = \frac{1}{3}$ de

$1\,500 = \frac{5}{12}$ de

$360 = \frac{6}{7}$ de

$150 = \frac{1}{4}$ de

$160 = \frac{2}{8}$ de

3. Complète. La réponse doit être une fraction irréductible.

9 = —— de 27

24 = —— de 48

12 = —— de 8

15 = —— de 20

72 = —— de 90

42 = —— de 42

LES FRACTIONS

LES FRACTIONS ORDINAIRES, EXPRESSIONS FRACTIONNAIRES ET NOMBRES FRACTIONNAIRES

OBSERVE :

fraction ordinaire $\frac{1}{4}$

nombre fractionnaire $1\frac{1}{4}$

expression fractionnaire $\frac{5}{4}$

1. Transforme les expressions fractionnaires en nombres fractionnaires.

$\frac{34}{7} = \frac{28}{7} + \frac{6}{7} = 4\frac{6}{7}$

$\frac{9}{4} = \frac{\cdots}{\cdots} + \frac{\cdots}{\cdots} = \cdots\cdots \frac{\cdots}{\cdots}$

$\frac{21}{6} = \frac{\cdots}{\cdots} + \frac{\cdots}{\cdots} = \cdots\cdots \frac{\cdots}{\cdots}$

$\frac{54}{32} = \frac{\cdots}{\cdots} + \frac{\cdots}{\cdots} = \cdots\cdots \frac{\cdots}{\cdots}$ ou $\frac{\cdots}{\cdots}$

$\frac{13}{2} = \cdots\cdots \frac{\cdots}{\cdots}$

$\frac{7}{3} = \cdots\cdots \frac{\cdots}{\cdots}$

$\frac{28}{9} = \cdots\cdots \frac{\cdots}{\cdots}$

$\frac{48}{5} = \cdots\cdots \frac{\cdots}{\cdots}$

2. Transforme les nombres fractionnaires en expressions fractionnaires.

$3\frac{2}{5} = (3 \times \frac{5}{5}) + \frac{2}{5} = \frac{15}{5} + \frac{2}{5} = \frac{17}{5}$

$5\frac{1}{6} =$ ....

$12\frac{2}{3} =$ ....

$6\frac{2}{4} =$ ....

$5\frac{2}{9} =$ ....

$7\frac{3}{8} =$ ....

3. Trouve la fraction égale à l'unité.

$\frac{8}{4} =$ ....

$\frac{34}{2} =$ ....

$\frac{40}{5} =$ ....

$\frac{24}{8} =$ ....

$\frac{120}{6} =$ ....

$\frac{32}{8} =$ ....

4. Complète.

$2 = \frac{12}{\cdots}$

$60 = \frac{\cdots}{3}$

$6 = \frac{18}{\cdots}$

$25 = \frac{\cdots}{4}$

LES FRACTIONS
LES FRACTIONS ÉQUIVALENTES

$$\frac{1}{4} \overset{\times 2}{=} \frac{2}{8} \overset{\times 2}{=} \frac{4}{16} \overset{\times 3}{=} \frac{12}{48}$$

1. Trouve 2 fractions équivalentes.

a) en multipliant :

$\frac{2}{3} \rightarrow \frac{\dots}{\dots} \rightarrow \frac{\dots}{\dots}$

$\frac{3}{4} \rightarrow \frac{\dots}{\dots} \rightarrow \frac{\dots}{\dots}$

$\frac{4}{10} \rightarrow \frac{\dots}{\dots} \rightarrow \frac{\dots}{\dots}$

b) en divisant :

$\frac{40}{60} \rightarrow \frac{\dots}{\dots} \rightarrow \frac{\dots}{\dots}$

$\frac{32}{64} \rightarrow \frac{\dots}{\dots} \rightarrow \frac{\dots}{\dots}$

$\frac{9}{18} \rightarrow \frac{\dots}{\dots} \rightarrow \frac{\dots}{\dots}$

2. Complète le numérateur ou le dénominateur pour que les fractions soient équivalentes.

$\frac{2}{10} = \frac{}{60}$ | $\frac{6}{20} = \frac{30}{}$ | $\frac{5}{24} = \frac{15}{}$ | $\frac{6}{21} = \frac{18}{}$

$\frac{5}{15} = \frac{}{3}$ | $\frac{54}{36} = \frac{}{6}$ | $\frac{12}{24} = \frac{}{72}$ | $\frac{12}{15} = \frac{}{10}$

3. Relie les fractions équivalentes.

$\frac{}{72}$ $\frac{54}{72}$ $\frac{45}{}$ $\frac{}{56}$ $\frac{48}{64}$ $\frac{40}{64}$ $\frac{56}{64}$ $\frac{42}{48}$ $\frac{40}{48}$ $\frac{36}{48}$

$\frac{3}{4}$ $\frac{5}{6}$ $\frac{5}{8}$ $\frac{7}{8}$

4. Barre la fraction qui n'est pas équivalente aux autres.

$\frac{7}{10} = \frac{14}{20} = \frac{21}{30} = \frac{26}{40}$ | $\frac{4}{100} = \frac{1}{25} = \frac{5}{75} = \frac{2}{50}$ | $\frac{3}{5} = \frac{15}{18} = \frac{6}{10} = \frac{30}{50}$

LES FRACTIONS
SIMPLIFIER DES FRACTIONS.

$\frac{9 : 3}{18 : 3} = \frac{3 : 3}{6 : 3} = \frac{1}{2} \rightarrow$ fraction irréductible

1. Simplifie les fractions suivantes en plusieurs étapes jusqu'à les rendre irréductibles.

$\frac{75}{100} =$ ....

$\frac{30}{36} =$ ....

$\frac{18}{90} =$ ....

$\frac{14}{42} =$ ....

$\frac{26}{54} =$ ....

$\frac{28}{98} =$ ....

$\frac{16}{64} =$ ....

$\frac{40}{120} =$ ....

$\frac{28}{35} =$ ....

$\frac{84}{100} =$ ....

$\frac{420}{210} =$ ....

$\frac{192}{144} =$ ....

2. Simplifie les fractions suivantes en divisant le numérateur et le dénominateur par un nombre le plus grand possible en une seule fois.

$\frac{7}{21} =$ ....

$\frac{50}{100} =$ ....

$\frac{16}{8} =$ ....

$\frac{45}{60} =$ ....

$\frac{48}{64} =$ ....

$\frac{27}{63} =$ ....

$\frac{15}{35} =$ ....

$\frac{21}{49} =$ ....

$\frac{180}{60} =$ ....

$\frac{120}{144} =$ ....

LES FRACTIONS
COMPARER DES FRACTIONS

1. Utilise les signes >, < ou =. Emploie la droite graduée pour t'aider.

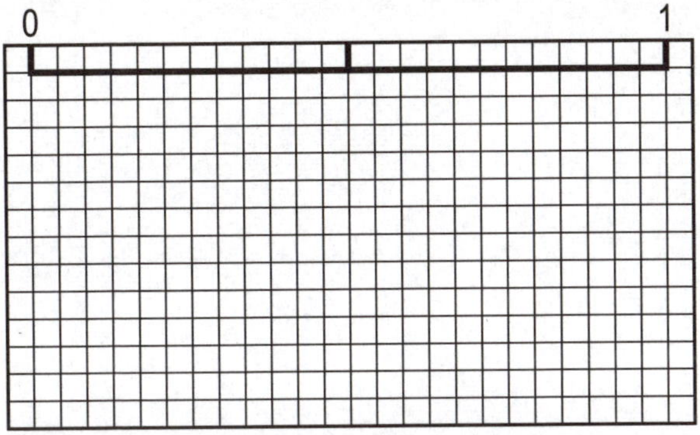

$\frac{1}{2}$ ..... $\frac{1}{3}$	$\frac{3}{8}$ ..... $\frac{2}{3}$	$\frac{1}{3}$ ..... $\frac{5}{12}$	$\frac{1}{2}$ ..... $\frac{9}{24}$
$\frac{1}{4}$ ..... $\frac{3}{12}$	$\frac{5}{6}$ ..... $\frac{2}{3}$	$\frac{5}{6}$ ..... $\frac{10}{12}$	$\frac{10}{12}$ ..... $\frac{3}{4}$

2. Trouve un dénominateur commun pour :

$\frac{1}{3}$ et $\frac{1}{6}$ → ....

$\frac{6}{8}$ et $\frac{3}{2}$ → ....

$\frac{4}{6}$ et $\frac{2}{12}$ → ....

$\frac{8}{12}$ et $\frac{4}{3}$ → ....

$\frac{5}{7}$ et $\frac{4}{11}$ → ....

$\frac{5}{6}$ et $\frac{2}{8}$ → ....

3. Compare les 2 fractions (<, =, >) après les avoir réduites au même dénominateur :

$\frac{2}{11}$ et $\frac{3}{4}$ →	**$\frac{8}{44}$**	**<**	**$\frac{33}{44}$**
$\frac{4}{4}$ et $\frac{3}{10}$ →			
$\frac{8}{20}$ et $\frac{3}{8}$ →			
$\frac{5}{8}$ et $\frac{2}{5}$ →			
$\frac{4}{10}$ et $\frac{5}{7}$ →			
$\frac{6}{10}$ et $\frac{32}{100}$ →			

LES FRACTIONS
RÉDUCTION AU MÊME DÉNOMINATEUR
LE P.P.C.M. (LE PLUS PETIT COMMUN MULTIPLE)

1. Imite. Compare chaque fois les 2 fractions.

$\frac{1}{2}$ et $\frac{2}{5}$

a) multiples de 2 : 0, 2, 4, 6, 8, **10**...
multiples de 5 : 0, 5, **10**, 15...
10 est le p.p.c.m.

b) réduction au même dénominateur

$\frac{1}{2} = \frac{5}{\mathbf{10}}$ $\frac{2}{5} = \frac{4}{\mathbf{10}}$

c) Comparaison : $\frac{1}{2} > \frac{2}{5}$

$\frac{2}{8}$ et $\frac{7}{9}$

a) multiples de ....
multiples de ....
..........est le p.p.c.m.

b) réduction au même dénominateur

c) Comparaison : ....

$\frac{9}{10}$ et $\frac{2}{3}$

a) multiples de ....
multiples de ....
..........est le p.p.c.m.

b) réduction au même dénominateur

c) Comparaison : ....

$\frac{4}{9}$ et $\frac{3}{5}$

a) multiples de ....
multiples de ....
.... est le p.p.c.m.

b) réduction au même dénominateur

c) Comparaison : ....

$\frac{1}{8}$ et $\frac{1}{6}$

a) multiples de ....
multiples de ....
..........est le p.p.c.m.

b) réduction au même dénominateur

c) Comparaison :

$\frac{2}{12}$ et $\frac{4}{10}$

a) multiples de..........
multiples de..........
..........est le p.p.c.m.

b) réduction au même dénominateur

c) Comparaison :

2. <, =, >. Mets la réponse de suite.

$\frac{1}{2}$ $\frac{3}{8}$	$\frac{2}{4}$ $\frac{6}{8}$	$\frac{2}{7}$ $\frac{8}{14}$	$\frac{2}{7}$ $\frac{3}{8}$
$\frac{2}{5}$ $\frac{3}{10}$	$\frac{1}{3}$ $\frac{1}{5}$	$\frac{8}{10}$ $\frac{14}{11}$	$\frac{3}{6}$ $\frac{4}{7}$
$\frac{3}{5}$ $\frac{2}{3}$	$\frac{4}{20}$ $\frac{8}{50}$	$\frac{5}{12}$ $\frac{4}{8}$	$\frac{2}{3}$ $\frac{1}{9}$

3. Classe les fractions en ordre croissant.

$\frac{6}{8}$ $\frac{3}{8}$ $\frac{1}{8}$ $\frac{5}{8}$ $\frac{7}{8}$ $\frac{9}{8}$ → __ __ __ __ __ __

$\frac{1}{6}$ $\frac{1}{4}$ $\frac{1}{8}$ $\frac{2}{48}$ $\frac{1}{2}$ $\frac{3}{4}$ → __ __ __ __ __ __

4. Classe les fractions en ordre décroissant.

$\frac{4}{9}$ $\frac{6}{9}$ $\frac{8}{9}$ $\frac{2}{9}$ $\frac{3}{9}$ $\frac{5}{9}$ → __ __ __ __ __ __

$\frac{1}{6}$ $\frac{1}{12}$ $\frac{1}{36}$ $\frac{1}{13}$ $\frac{1}{1}$ $\frac{1}{18}$ → __ __ __ __ __ __

LES FRACTIONS
ADDITIONNER DES FRACTIONS

1. Effectue les opérations puis simplifie les réponses.

$\frac{3}{8} + \frac{4}{8} =$ ....

$\frac{3}{5} + \frac{1}{5} =$ ....

$\frac{4}{12} + \frac{1}{12} =$ ....

$\frac{3}{15} + \frac{6}{15} =$ ....

$\frac{3}{4} + \frac{12}{4} =$ ....

$\frac{7}{18} + \frac{1}{9} =$ ....

$\frac{4}{12} + \frac{3}{6} =$ ....

$3 + \frac{10}{20} =$ ....

$\frac{4}{7} + \frac{3}{9} =$ ....

$\frac{3}{21} + \frac{8}{7} =$ ....

$\frac{1}{2} + \frac{5}{6} =$ ....

$\frac{1}{4} + \frac{3}{12} =$ ....

$\frac{7}{8} + \frac{5}{7} =$ ....

$\frac{2}{5} + \frac{2}{4} =$ ....

$\frac{4}{7} + \frac{1}{2} =$ ....

$8\ \frac{6}{9} + 2\ \frac{1}{9} =$ ....

$3\ \frac{2}{5} + 4\ \frac{3}{5} =$ ....

$4\ \frac{4}{9} + 12\ \frac{7}{8} =$ ....

$8\ \frac{2}{7} + 6\ \frac{2}{3} =$ ....

2. Que manque-t-il pour faire 1?

$\frac{1}{8} + \frac{1}{12} + \frac{1}{4} + \frac{1}{6} + \blacksquare = 1$

Les fractions
Soustraire des fractions

1. Effectue les opérations puis simplifie les réponses.

$\frac{9}{10} - \frac{6}{10} =$ ....

$\frac{35}{100} - \frac{12}{100} =$ ....

$\frac{9}{4} - \frac{3}{4} =$ ....

$\frac{15}{20} - \frac{5}{20} =$ ....

$\frac{12}{15} - \frac{9}{15} =$ ....

$\frac{4}{5} - \frac{3}{10} =$ ....

$1 - \frac{3}{7} =$ ....

$4 - \frac{5}{10} =$ ....

$\frac{4}{10} - \frac{25}{100} =$ ....

$\frac{1}{2} - \frac{2}{5} =$ ....

$\frac{3}{5} - \frac{1}{3} =$ ....

$\frac{18}{25} - \frac{1}{4} =$ ....

$\frac{7}{8} - \frac{5}{7} =$ ....

$3\frac{5}{8} - \frac{3}{8} =$ ....

$2\frac{5}{6} - 1\frac{1}{6} =$ ....

$4\frac{5}{6} - 3\frac{4}{6} =$ ....

$5 - 1\frac{2}{5} =$ ....

$3 - 2\frac{2}{6} =$ ....

$3\frac{2}{7} - 1\frac{5}{6} =$ ....

$18\frac{3}{11} - 9\frac{4}{5} =$ ....

2. Que manque-t-il pour faire 1?

$\frac{10}{6} - \frac{1}{3} - \frac{1}{9} - \_\_ = 1$

LES FRACTIONS

MULTIPLIER UN NOMBRE PAR UNE FRACTION

OBSERVE :

a) $\frac{6}{9} \times 3 = \frac{18}{9} = 2$ u   b) $\frac{6}{9} \times 3 = \frac{6}{3} = 2$ u

a) procédé <u>toujours</u> possible   b) procédé <u>parfois</u> possible

1. Effectue les opérations suivantes en utilisant le premier procédé (a). Simplifie si c'est possible :

$3 \times \frac{2}{7} =$ ....

$4 \times \frac{2}{9} =$ ....

$\frac{4}{6} \times 5 =$ ....

$6 \times \frac{4}{15} =$ ....

$\frac{3}{4} \times 2 =$ ....

$\frac{5}{8} \times 3 =$ ....

$5 \times \frac{2}{10} =$ ....

$7 \times \frac{1}{13} =$ ....

$2 \times \frac{1}{3} =$ ....

$\frac{2}{5} \times 7 =$ ....

$4 \times 1\frac{2}{3} =$ ....

$1\frac{1}{9} \times 2 =$ ....

$4 \times 2\frac{5}{20} =$ ....

$3\frac{4}{6} \times 3 =$ ....

2. Effectue les opérations suivantes en utilisant les 2 procédés si c'est possible. N'oublie pas de simplifier :

$\frac{2}{3} \times 6 =$ .... ou ....

$\frac{12}{15} \times 5 =$ .... ou ....

$3 \times \frac{9}{18} =$ .... ou ....

$8 \times \frac{7}{15} =$ .... ou ....

$\frac{7}{90} \times 7 =$ .... ou ....

$\frac{5}{6} \times 3 =$ ...... = ... ou ....

$1\frac{1}{9} \times 18 =$ .... ou ....

$3 \times \frac{6}{10} =$ .... ou ....

LES FRACTIONS
MULTIPLIER UNE FRACTION PAR UNE FRACTION

OBSERVE :

$\frac{1}{2} \times \frac{1}{4} = \frac{1 \times 1}{2 \times 4} = \frac{1}{8}$ la $\frac{1}{2}$ de $\frac{1}{4} = \frac{1 \times 1}{2 \times 4} = \frac{1}{8}$

1. Effectue les opérations suivantes. Simplifie si c'est possible.

$\frac{1}{4} \times \frac{1}{2} =$ ....

$\frac{3}{9} \times \frac{2}{4} =$ ....

les $\frac{5}{7}$ de $\frac{1}{2} =$ ....

les $\frac{3}{4}$ de $\frac{5}{6} =$ ....

$\frac{1}{4} \times \frac{1}{4} =$ ....

les $\frac{13}{48}$ de $\frac{2}{4} =$ ....

$\frac{4}{25} \times \frac{1}{3} =$ ....

les $\frac{3}{4}$ de $\frac{4}{3} =$ ....

les $\frac{3}{2}$ de $\frac{1}{8} =$ ....

$\frac{4}{5} \times \frac{1}{20} =$ ....

$\frac{1}{6} \times \frac{4}{10} =$ ....

les $\frac{3}{10}$ de $\frac{9}{3} =$ ....

$\frac{4}{12} \times \frac{21}{12} =$ ....

$\frac{2}{3} \times \frac{2}{7} =$ ....

$\frac{7}{8} \times \frac{1}{6} =$ ....

les $\frac{7}{12}$ de $\frac{8}{5} =$ ....

2. Effectue. Sois attentif aux signes.

$3 \times (\frac{1}{5} + \frac{1}{3}) =$ ....

$4 - (\frac{3}{8} + \frac{2}{4}) =$ ....

$(2 \times \frac{4}{5}) + (3 \times \frac{2}{3}) =$ ....

$(4 \times \frac{1}{3}) + (\frac{1}{4} \times 3) =$ ....

$(\frac{2}{5} \times 6) + (4 \times \frac{1}{2}) =$ ....

3. Corrige la réponse si elle est fausse.

$\frac{15}{42} \times \frac{2}{3} = \frac{5}{21}$ ....

$\frac{16}{27} \times \frac{3}{8} = \frac{1}{9}$ ....

$\frac{54}{33} \times \frac{11}{12} = \frac{9}{6}$ ....

$\frac{4}{54} \times \frac{27}{84} = \frac{1}{42}$ ....

$\frac{12}{45} \times \frac{15}{48} = \frac{2}{12}$ ....

$\frac{12}{21} \times \frac{7}{21} = \frac{1}{6}$ ....

$\frac{18}{21} \times \frac{7}{9} = \frac{2}{4}$ ....

$\frac{7}{8} \times \frac{6}{9} = \frac{43}{13}$ ....

4. En appliquant les caractères de divisibilité, simplifie au maximum.

$$\frac{42}{45} \times \frac{36}{28} \times \frac{75}{120} = \frac{15}{20} = \frac{3}{4}$$

$\frac{42}{14} \times \frac{36}{12} \times \frac{1}{3} =$ ....

$\frac{120}{24} \times \frac{9}{40} \times \frac{1}{3} =$ ....

$\frac{3}{5} \times \frac{55}{70} \times \frac{14}{30} =$ ....

$\frac{14}{26} \times \frac{130}{135} \times \frac{45}{75} =$ ....

$\frac{120}{130} \times \frac{26}{108} \times \frac{18}{24} =$ ....

$\frac{93}{104} \times \frac{17}{31} \times \frac{52}{68} =$ ....

$\frac{6}{14} \times \frac{7}{12} \times \frac{5}{26} =$ ....

$\frac{13}{48} \times \frac{28}{26} \times \frac{96}{42} =$ ....

$\frac{24}{75} \times \frac{25}{48} \times \frac{81}{27} =$ ....

$\frac{1}{24} \times \frac{54}{2} \times \frac{12}{81} \times \frac{72}{27} =$ ....

LES FRACTIONS
DIVISER UNE FRACTION PAR UN NOMBRE ENTIER

OBSERVE :

$\frac{24}{56} : 2 = \frac{12}{56} = \frac{3}{14}$ ou $\frac{23}{13} : 2 = \frac{23}{13 \times 2} = \frac{23}{26}$

1. Choisis si tu agis sur le numérateur ou sur le dénominateur.

$\frac{1}{7} : 9 =$ ....

$\frac{16}{18} : 4 =$ ....

$\frac{3}{9} : 4 =$ ....

$\frac{12}{15} : 6 =$ ....

$\frac{3}{4} : 3 =$ ....

$\frac{16}{25} : 8 =$ ....

2. Effectue les opérations suivantes. Simplifie si c'est possible.

$\frac{26}{36} : 2 =$ ....

$\frac{30}{54} : 10 =$ ....

$\frac{7}{2} : 15 =$ ....

$\frac{8}{9} : 4 =$ ....

$\frac{29}{36} : 5 =$ ....

$\frac{53}{11} : 4 =$ ....

$\frac{40}{23} : 3 =$ ....

$\frac{24}{36} : 12 =$ ....

$\frac{31}{64} : 5 =$ ....

$\frac{1}{2} : 7 =$ ....

$\frac{11}{15} : 3 =$ ....

$\frac{17}{20} : 6 =$ ....

$\frac{32}{80} : 16 =$ ....

$\frac{18}{24} : 6 =$ ....

Les fractions

Les fractions décimales

1. Écris la fraction décimale des nombres suivants .

0,1 =	0,06 =	3,1 =
0,4 =	0,121 =	10,48 =
0,40 =	0,75 =	8,001 =
0,55 =	0,015 =	6,304 =

2. Écris le nombre correspondant à la fraction décimale.

$\frac{1}{10}$	$\frac{1\,240}{1\,000}$	$\frac{4}{10}$ ....
$\frac{36}{100}$	$\frac{5}{1\,000}$	$\frac{5}{10}$ ....
$\frac{62}{10}$	$\frac{75}{100}$	$\frac{365}{100}$ ....
$\frac{1}{100}$	$\frac{874}{100}$	$\frac{3}{5}$ ....

3. Complète les égalités.

$\frac{17}{\ } =$	$\frac{\ }{100} =$	$\frac{24}{\ } =$ ....
$\frac{\ }{1\,000}$	$\frac{\ }{1\,000} =$	$\frac{\ }{100} =$ ....
$\frac{8}{\ } =$	$\frac{10}{\ } =$	$\frac{\ }{10} =$ ....

4. Écris une fraction équivalente en $\frac{....}{10}$ $\frac{....}{100}$ $\frac{....}{1000}$. Écris le nombre décimal correspondant.

$\frac{5}{25} = \frac{\quad}{100} = 0,$ | $\frac{12}{50} = \text{—} = 0,$ | $\frac{1}{8} = \text{——} = 0,$

$\frac{1}{2} = \frac{\quad}{100} = 0,$ | $\frac{15}{20} = \text{—} = 0,$ | $\frac{5}{8} = \text{——} = 0,$

$\frac{3}{4} = \frac{\quad}{100} = 0,$ | $\frac{2}{5} = \text{—} = 0,$ | $\frac{125}{100} =$

5. Écris la fraction décimale puis simplifie.

0,25 = — = — = —

0,125 = —— = —

0,6 = — = —

1,25 = — = — = —

1,5 = — = — = —

0,875 = — = —

6. Relie.

$\frac{80}{10}$ •	• 0,08	$\frac{15}{20}$ •	• 0,2
$\frac{8}{10}$ •	• 0,008	$\frac{5}{25}$ •	• 0,6
$\frac{8}{1\,000}$ •	• 8	$\frac{3}{5}$ •	• 0,75
$\frac{8}{100}$ •	• 0,8	$\frac{100}{125}$ •	• 0,8

LES FRACTIONS
PROBLÈMES SUR LES FRACTIONS.

1. Un potager occupe les trois dixièmes de mon jardin. Les trois dixièmes du potager sont plantés de salades. Quelle proportion de mon jardin occupent les plants de salades ?

....

....

2. Tom a 100 cartes de joueurs de basket dans sa collection. Les $\frac{3}{10}$ jouent pour Liège, les $\frac{2}{25}$ jouent pour Pépinster et les $\frac{2}{5}$ pour Charleroi. Tous les autres joueurs appartiennent au Club d'Ostende

a) Combien Tom a-t-il de cartes de joueurs d' Ostende ? ....

b) De quelle équipe Tom a-t-il le plus de cartes ? ....

c) De quelle équipe Tom a-t-il le moins de cartes ? ....

....

3. Ilyass et Ismail jouent aux billes. Ilyass perd les $\frac{2}{3}$ de ses billes puis il en regagne $\frac{1}{4}$ de ce qu'il avait au départ. Après la troisième partie, il en reperd encore $\frac{1}{6}$.

Quelle part lui reste-t-il maintenant ?

Les fractions
Le pourcentage

1. Colorie.

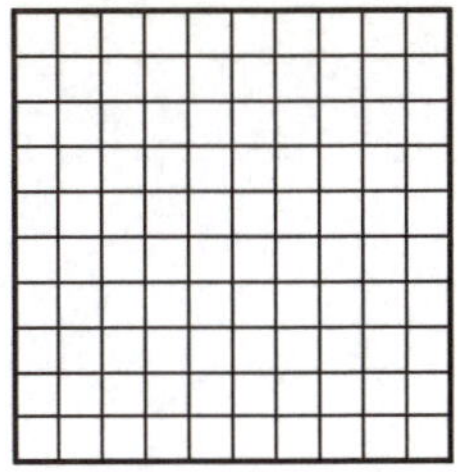

a) 4% de ce carré en rouge
b) 10% de ce carré en bleu
c) 26% de ce carré en vert
d) 16% de ce carré en jaune

2. Calcule rapidement les pourcentages suivants.

7% de 3 500 = ...	93% de 7 000 = ...
25% de 1750 = ...	7,5% de 50 = ...
32% de 20 000 = ...	10% de 81,8 = ...
41% de 420 = ...	140% de 31,5 = ...
53% de 800 = ...	105% de 20,4 = ...

3. Complète.

$\frac{1}{2}$ = ... %	$\frac{1}{5}$ = ... %	$\frac{4}{5}$ = ... %	$\frac{1}{8}$ = ... %
$\frac{1}{4}$ = ... %	$\frac{3}{4}$ = ... %	$\frac{7}{10}$ = ... %	$\frac{4}{20}$ = ... %

4. Complète.

75 % = —	2,5 % = —	4 % = —	80 % = —
10 % = —	50 % = —	15 % = —	2 % = —

5. Augmente chaque quantité de 5%.

15 l →	125 g →	840 cm → ....
35 € →	460 m →	32,5 dl → ....

Calculs écrits

1. Écris le nom des termes

```
   1 4 3 , 1 6     → ......................
     6 2 , 6       → ......................
       5 , 1 3 4   → ......................
+ 3 7 9 0          → ......................
-----------------
  4 0 0 0 , 8 9 4  → ......................
```

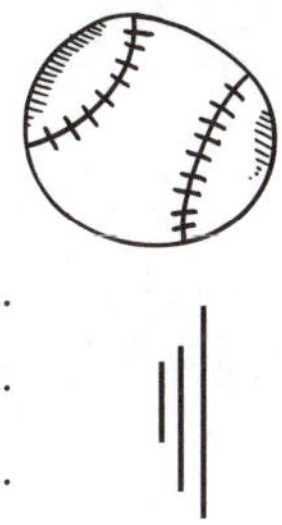

```
   7 3 4 8 0 3 , 7 4 0  → ......................
-    6 2 5 7 4 , 8 0 9  → ......................
------------------------
   6 7 2 2 2 8 , 9 3 1  → ......................
```

```
          1 4 2 4  → ......................
   x          1 7  → ......................
          9 9 6 8  → ......................
      + 1 4 2 4 .  → ......................
------------------
        2 4 2 0 8  → ......................
```

```
  ↗ ......................
1905,9 | 26     → ......................
- 182  |-----
    85 | 73,3   → ......................
  - 78 |
    79 |
  - 78 |        → ......................
   0,1 |
```

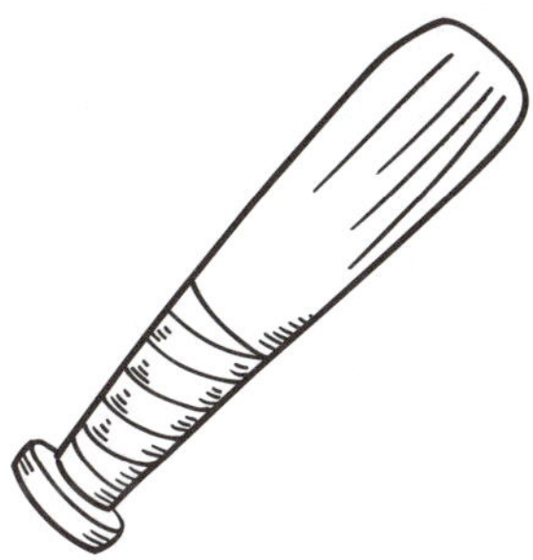

CALCULS ÉCRITS
L'ADDITION

1. Estime le résultat de ces additions.
Effectue l'opération. Compare ta réponse avec ton estimation.

Estimation : ....

12 723
\+ 1 984

Estimation : ....

6 089
324
\+ 109

Estimation : ....

390 427
\+ 2 926 835

Estimation : ....

6 087
9 763
\+ 95 430

Estimation : ....

87 365
4 237
\+ 120 700

Estimation : ....

136 625
479 897
\+ 7 483

Estimation : ....

4,37
\+ 18,98

Estimation : ....

73,694
\+ 27,48

Estimation : ....

23,65
\+ 310,812

Estimation : ....

152,31
42,504
\+ 10,8

Estimation : ....

45,83
406,834
\+ 57,1

Estimation : ....

963,72
27,9
12,05
\+ 0,439

2. Dispose en calculs écrits et résous.
Effectue la preuve. Attention à l'alignement des chiffres.

Ex : 3496,2 + 16,891 + 0,03 =

	3	4	9	6,	2		
			1	6,	8	9	1
+				0,	0	3	
	3	5	1	3,	1	2	1

Preuve :

				0,	0	3	
			1	6,	8	9	1
+	3	4	9	6,	2		
	3	5	1	3,	1	2	1

236 354 + 81 063 + 1 943 =

131 605 + 68 274 + 3 690 =

137,31 + 25,104 + 13,8 =

24,038 + 674,2 + 21,73 =

422,906 + 13 724 + 5,72 =

1 327 672 + 9,048 =

58,83 + 308,945 + 26,1 =

0,72 + 0,048 + 3,6 =

3. Complète les additions :

9 2 3 + . . . 1 3 0 9	9 5 + 8 . 1 . 8	8 4 1 + 5 . 3 1 . 8 .
8 . 4 3 + 9 4 . . . . 0 1 3	1 . 3 4 . + . 8 . . 6 1 1 1 1 1 1	4 . 1 3 7 8 . + 3 8 9 . 6 . 2
2 . 4 . 9 . 4 8 1 . + 9 4 3 2 1 . 5 2 . 7 7	3 6 , 7 1 . + . 2 . , 3 . 1 6 5 , . 3 3	5 6 , 9 2 + . , 0 2 . . 3 , 9 4 7
3 . 7 , 8 . 4 . , 1 + 8 3 , . . 3 7 4 , 0	. 5 6 , 0 9 1 . , 2 . 5 + . 3 3 4 5 , . 5 5	4 . 7 , 8 1 . 7 . , . 1 + 9 4 . , 2 . 1 7 7 9 , . 3

4. Voici 10 additions. Écris directement la réponse des additions que tu peux effectuer rapidement. Pour les autres calculs, utilise le calcul écrit au verso de la page.

332 + 20 + 1,6 = ...

302,6 + 81,4 + 0,697 = ...

6,2 + 0,8 + 0,04 = ...

5189 + 701 + 6,99 = ...

18,3 + 0,018 + 0,7 = ...

49,1 + 635,47 + 60,95 = ...

238 + 62 + 0,65 = ...

718,6 + 83,9 + 1 309,64 = ...

8 125 + 0,012 + 675 = ...

632,03 + 0,075 + 64,96 = ...

CALCULS ÉCRITS
LA SOUSTRACTION

1. Estime le résultat de ces soustractions. Effectue l'opération. Compare ta réponse avec ton estimation.

Estimation : ....

  7 3 9 8
- 2 4 6 9

Estimation : ....

  3 0 0 4
- 1 7 2 9

Estimation : ....

  3 8 4 0 1
- 2 2 3 4 1

Estimation : ....

  4 9 6 4 3 2
-   7 8 9 8 5

Estimation : ....

  3 2 0 0 0
-   7 6 9 4

Estimation : ....

  2 0 5 6 7 0
-   8 9 7 4 8

Estimation : ....

  1 4,3 6
-   8,2 9

Estimation : ....

  5 3,6 0 4
-   9,7 3 4

Estimation : ....

  6 3 7,1 2
-     0,4 3 8

Estimation : ....

  4 2 7
- 1 8,9 5

Estimation : ....

  3 2 4 6 7 2,4
-   9 8 9 8 5,3 2 1

Estimation : ....

  1 3 0 4,0 0 7
-   1 9 8,3 7 9

Estimation : ....

  4 8 7 2 4,7 3
- 2 4 8 9 7,9 5

2. Dispose en calculs écrits et résous. Effectue la preuve. Attention à l'alignement des chiffres.

Ex : 126,3 - 18,207 =

	1	2	6,	3		
-		1	8,	2	0	7
	1	0	8,	0	9	3

Preuve :

	1	0	8,	0	9	3
+		1	8,	2	0	7
	1	2	6,	3	0	0

180 673 - 98 728 =

406 117 - 58 036 =

12 000 - 834 =

804 200,09 - 770 847 =

428 796 - 13,07 =

784 003 - 289,564 =

136,41 - 26,308 =

700,4 - 6,089 =

100 000 - 5,321 =

30,08 - 0,139 =

3. Complète les soustractions.

. . . .
- 1 4 6
2 5 7 8

3 5 8 7
- . . . .
1 4 7 5

. . 5 .
- 5 4 . 4
3 4 . 8

5 . . 8
- . 7 8 1
. 4 9 .

. 9 1 4 6
- 1 . . . 4
4 7 7 2 .

3 4 5 1,7 .
- . 3 ., . 5
. 8 . 4,6 5

. . . .,. .
- 7 2 7,3 8
3 8 2,7 3

. 5 . 4 5
- 3 4 9 8 .
1 . 3 . 8

. . 7,8 .
- 8 1 .,1 0
1 2 9,. 9

2 . 4 .,. .
- 3 . 2,4 .
. 3 6 8,2 5

. 7,3 . 1
- .,. 7
6 2,7 5 .

4. Voici 10 soustractions. Écris directement la réponse des soustractions que tu peux effectuer rapidement. Pour les autres calculs, utilise le calcul écrit au verso de la page.

12,5 - 7,2 = ...	508,81 - 79,428 = ...
186 796 - 0,125 = ...	410,7 - 370,805 = ...
52,73 - 16,9 = ...	20 000 - 15,574 = ...
263,675 - 9,828 = ...	7,035 - 5,806 = ...
36 - 18,792 = ...	85 - 0,375 = ...

A. Les nombres entiers.

Estime le résultat de ces multiplications. Effectue l'opération. Compare ta réponse avec ton estimation.

Estimation : ....

$$\begin{array}{r} 260 \\ \times \quad 9 \\ \hline \end{array}$$

....

Estimation : ....

$$\begin{array}{r} 746 \\ \times \quad 8 \\ \hline \end{array}$$

....

Estimation : ....

$$\begin{array}{r} 694 \\ \times \quad 3 \\ \hline \end{array}$$

....

Estimation : ....

$$\begin{array}{r} 3240 \\ \times \quad 5 \\ \hline \end{array}$$

....

Estimation : ....

$$\begin{array}{r} 6723 \\ \times \quad 8 \\ \hline \end{array}$$

....

Estimation : ....

$$\begin{array}{r} 81656 \\ \times \quad 4 \\ \hline \end{array}$$

....

Estimation : ....

$$\begin{array}{r} 26 \\ \times \ 17 \\ \hline \end{array}$$

....

Estimation : ....

$$\begin{array}{r} 77 \\ \times \ 12 \\ \hline \end{array}$$

....

Estimation : ....

$$\begin{array}{r} 470 \\ \times \ 29 \\ \hline \end{array}$$

....

Estimation : ....

$$\begin{array}{r} 1609 \\ \times \quad 37 \\ \hline \end{array}$$

....

Estimation : ....

$$\begin{array}{r} 20895 \\ \times \quad 83 \\ \hline \end{array}$$

....

Estimation : ....

$$\begin{array}{r} 36078 \\ \times \quad 54 \\ \hline \end{array}$$

....

UN OU PLUSIEURS ZÉROS AU MULTIPLICATEUR

Dispose en calculs écrits et résous. Effectue la preuve par l'opération inverse. Attention à l'alignement des chiffres.

Ex :

```
        8 6
  x     3 0
  ---------
        0 0   = 86 x 0
  2  5  8 0   = 86 x 3 x 10
  ---------
  2  5  8 0
```

```
        3 1 2 4
  x       1 0 5
  -------------
      1 5 6 2 0
  3 1 2 4 0 .
  -------------
  3 2 8 0 2 0
```

Preuve :

```
   3 2 8 0 2 0 | 105
  -3 1 5       |-----
   -----       | 3124
     1 3 0
    -1 0 5
     -----
       2 5 2
      -2 1 0
       -----
         4 2 0
        -4 2 0
         -----
           R= 0
```

75 x 60 = **Preuve :**

38 x 70 = **Preuve :**

93 x 700 = **Preuve :**

638 x 400 = **Preuve :**

907 x 800 = **Preuve :**

24 600 x 240 = **Preuve :**

2312 x 309 = **Preuve :**

4846 x 603 = **Preuve :**

Dispose en calculs écrits et résous. Utilise la preuve par 9.

Ex :

```
      4 8 3
  x     7 4
  ---------
    1 9 3 2
 + 3 3 8 1
  ---------
  3 5 7 4 2
```

4 + 8 + 3 = 15 → 15 : 9 = 1R = 6

7 + 4 = 11 → 11 : 9 = 1R = 2

6 x 2 = 12 → 12 : 9 = 1R = 3

3 + 5 + 7 + 4 + 2 = 21 → 21 : 9 = 2R 3

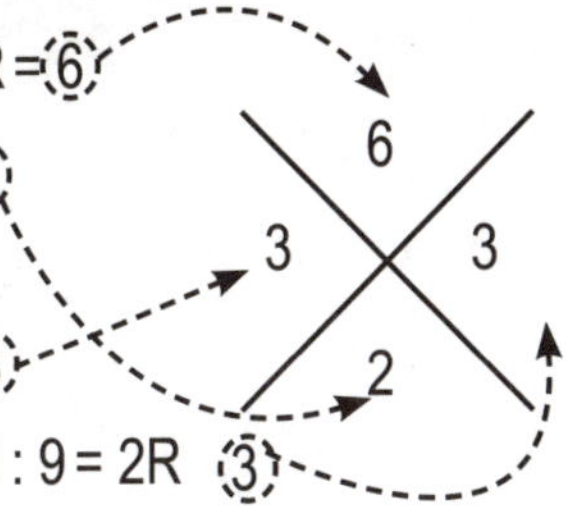

7 907 x 5 =

363 211 x 8 =

13 314 x 40 =

758 x 408 =

42 090 x 3160 =

4 635 x 509 =

125 766 x 634 =

126 324 x 267 =

CALCULS ÉCRITS
LES NOMBRES DÉCIMAUX

1. Estime le résultat de ces multiplications. Effectue l'opération et compare ta réponse avec ton estimation :

Ex :

```
     4 6,8   } Deux chiffres à
x      3,4   } droite de la virgule
---------
   1 8 7 2
+1 4 0 4 .
---------
 1 5 9,1 2   } Deux chiffres à
             } droite de la virgule
```

Estimation : ....

```
  4,8 7
x     6
```

Estimation : ....

```
  5 9,8 7
x       9
```

Estimation : ....

```
  6 9,2
x     8
```

Estimation : ....

```
  1 2 6 7 6,4
x           3
```

Estimation : ....

```
  1 3 6 4,1 2 5
x             5
```

Estimation : ....

```
    1 8
x 4 2,8
```

Estimation : ....

```
  2 6 3
x   9,6
```

Estimation : ....

```
  2 6,2 1 9
x       8 3
```

Estimation : ....

```
  1 5 3 2 8
x       0,5
```

Estimation : ....

```
  1 6 2 4,8
x       4 6
```

Estimation : ....

```
  0,0 6 5
x     4 9
```

Estimation : ....

```
  1 3 6 2 4
x    1 2,4
```

Estimation : ....

```
  6,3 0 9
x     9 2
```

2. Dispose en calculs écrits et résous. Comme preuve, utilise la preuve par 9 :

0,472 x 9 =

6,8 x 70 =

136,924 x 50 =

3607 x 10,8 =

621,84 x 200 =

239 x 0,05 =

12 643 x 0,75 =

0,045 x 209 =

47 070,12 x 1002 =

1358 x 0,008 =

3. Écris ton estimation. Dispose correctement les chiffres des nombres. Résous et effectue la preuve que tu désires :

Estimation : ....

132,3 x 1,2 = Preuve :

Estimation : ....

3026,2 x 4,12 = Preuve :

Estimation : ....

4,31 x 6,4 = Preuve :

Estimation : ....

59,6 x 0,03 = Preuve :

Estimation : ....

0,65 x 0,006 = Preuve :

Estimation : ....

0,05 x 12,7 = Preuve :

Estimation : ....

289,07 x 30,42 = Preuve :

Estimation : ....

49,483 x 863,42 = Preuve :

4. Écris ton estimation. Dispose correctement les chiffres des nombres. Résous et fais la preuve que tu désires :

Estimation : ....

907 x 800 = Preuve :

Estimation : ....

4 238 x 60 = Preuve :

Estimation : ....

70,83 x 48 = Preuve :

Estimation : ....

6 327 x 0,874 = Preuve :

Estimation : ....

3 607,4 x 0,75 = Preuve :

Estimation : ....

443,35 x 18,13 = Preuve :

Estimation : ....

9,708 x 9005 = Preuve :

Estimation : ....

72 879 x 0,8009 = Preuve :

5. Complète les multiplications :

```
    2 3 ■ 5
x         6
-----------
  ■ ■ 0 7 ■
```

```
      ■ 5
x     3 ■
---------
      ■ 5
+   7 5 ■
---------
    7 7 ■
```

```
          ■ 4 , ■
x         ■ ■ , 6
-----------------
        5 6 7 0
+   2 8 3 5 0
-----------------
  ■ ■ ■ ■ , ■ ■
```

La division

1. Estime le résultat de ces divisions. Effectue l'opération. Compare ta réponse avec ton estimation.

Estimation : ....

47215 | 7

Estimation : ....

12768 | 56

Estimation : ....

1264 | 4

Estimation : ....

19168 | 8

Estimation : ....

39506 | 4

Estimation : ....

26903 | 9

Estimation : ....

61205 | 7

Estimation : ....

776223 | 999

Estimation : ....

317184 | 672

Cas particuliers

Le ou les zéros non utilisés du dividende sont reportés à la droite du quotient.

Observe :

```
  1 6 1 0 0 0 | 46
- 1 3 8       |------
  -------     | 3 5 0 0
    2 3 0     |
  - 2 3 0     |
    -----     |
      R = 0   |
```

1. Estime le résultat de ces divisions. Effectue l'opération et compare ta réponse avec ton estimation :

Estimation : ....

1920 | 6

Estimation : ....

19500 | 6

Estimation : ....

20 400 | 85

Estimation : ....

586 800 | 815

Estimation : ....

630 000 | 225

Estimation : ....

72 800 | 208

Cas particuliers

L'écriture du quotient comporte un ou des zéros.

Observe :

```
 6 5 9 2 | 32
-6 4     |-----
     1 9 2 | 206
   - 1 9 2 |
   ------- |
   R=    0 |
```

1. Estime le résultat de ces divisions. Effectue l'opération et compare ta réponse avec ton estimation :

Estimation :	**Estimation :**	**Estimation :** ....
7675 | 25	26 585 | 65	129 215 | 43
Estimation :	**Estimation :**	**Estimation :** ....
4 118 482 | 197	26 854 270 | 134	7 856 522 | 261

Cas particuliers

Le dividende est supérieur au diviseur.

Observe :

```
 2 3 4 9 0 0 | 324
-2 2 6 8     |-----
       8 1 0 | 725
     - 6 2 8 |
     1 6 2 0 |
   - 1 6 2 0
        R= 0
```

Observe :

```
 7 2 8,0 0 | 71
-7 1       |-------
   1 8 0   | 10,25
 - 1 4 2   |
     3 8 0 |
   - 3 5 5
       2 5
R=0,2 5
```

1. Résous ces divisions à 0,1 près.

856 | 7

247 | 26

4098 | 16

2. Résous ces divisions à 0,01 près.

295 | 31

864 | 37

11280 | 375

3. Résous ces divisions à 0,001 près.

408 | 26

3225 | 7

8346 | 9

Cas particuliers

Le dividende est inférieur au diviseur.

Observe :

```
1 8 | 45              1 8 0 | 45
    |------   →       1 8 0 | 0,4
    | 0,                  0 |
```

1. Dispose en calculs écrits et résous. Utilise l'opération inverse comme preuve. Continue la division à 0,001 près.

192 : 256 = Preuve :

1 : 25 = Preuve :

79 : 9875 = Preuve :

3 : 24 = Preuve :

1374 : 1500 = Preuve :

18 : 250 = Preuve :

6 : 375 = Preuve :

2 : 125 = Preuve :

CAS PARTICULIERS

OBSERVE :

5 1 3 , 5 | 6 5 Ø
- 4 5 5 | 7 , 9
5 8 5
- 5 8 5
R=0

LE DIVIDENDE ET LE DIVISEUR TERMINÉS PAR DES ZÉROS.

OBSERVE :

2 1 2 7 Ø Ø | 6 Ø Ø
- 1 8 | 3 5 4
3 2
- 3 0
2 7
- 2 4
R= 3 C ou 300

OBSERVE :

5 8 7 0 0 | 5 7 0
- 5 7 | 1 0 2
1 7 0
- 1 1 4
R= 5 6 D ou 560

1. Dispose en calculs écrits et résous. Utilise l'opération inverse comme preuve et n'oublie pas d'ajouter le reste si il y en a un.

7950 : 50 = Preuve :

32 640 : 8500 = Preuve :

30 970 : 38 000 = Preuve :

75 180 : 70 = Preuve :

732 000 : 40 = Preuve :

95 000 : 7600 = Preuve :

Cas particuliers

3 1 5 | 3,75 →

Quotient d'un nombre naturel par un nombre décimal.

Observe :

3 1 5 0 0	375
- 3 0 0 0	840
1 5 0 0	
- 1 5 0 0	
R = 0	

Observe :

8 1 7,5	25
- 7 5	32,7
6 7	
- 5 0	
1 7 5	
- 1 7 5	
R = 0	

1. Estime le résultat de ces divisions. Effectue l'opération. Compare ta réponse avec ton estimation. Continue la division à 0,01 près :

Estimation : ....

630 | 7,5

Estimation : ....

84 | 8,75

Estimation : ....

902 | 2,75

Estimation : ....

255 | 12,5

Estimation : ....

269,01 | 9

Estimation : ....

2,457 | 91

CAS PARTICULIERS

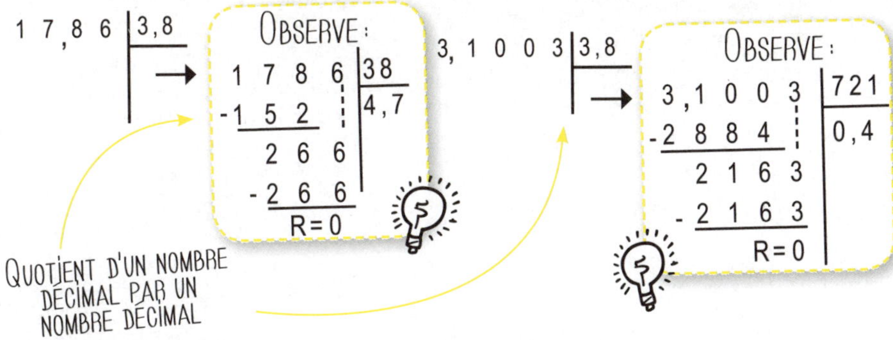

2. Dispose en calculs écrits et résous. Utilise l'opération inverse comme preuve. N'oublie pas d'ajouter le reste si il y en a un :

121,5 : 2,7 =	Preuve :	683,76 : 8,14 =	Preuve :
10,625 : 0,85 =	Preuve :	4,72 : 0,4 =	Preuve :
4,2775 : 7,25 =	Preuve :	4,088 : 0,7 =	Preuve :

Dépot légal : D/2014/9685/40 - ISBN : 978-2-87546-140-7 - EAN : 9782875461407

Sous la direction d'A.J. Le Clercq et de Stéphanie Baland.

CORRECTIFS

OPÉRATIONS

RAPPEL DE 4e ANNÉE

1. Un peu de tout.

7 x 60 =	420	42 000 : 7 =	6 000	32 + (7 x 40) =	312
600 x 4 =	2 400	24 000 : 6 =	4 000	600 : (2 x 25) =	12
8 x 5 000 =	40 000	35 000 : 5 =	7 000	(50 x 6) - 27 =	273
30 x 300 =	9 000	28 000 : 70 =	400	2400 : (4 x 50) =	12
60 x 40 =	2 400	81 000 : 900 =	90	(14 x 5) + 1 000 =	1 070

2. Écris = ou ≠.

18 + 37	≠	44 + 36	8 x (100 : 5)	≠	(100 : 5) + 8
7 x 5	=	5 x 7	6 x (3 x 5)	=	(6 x 3) x 5
90 : 15	≠	15 : 90	(10 x 9) : 3	=	10 x (9 : 3)
5 x 50	≠	2 x 200	(80 - 30) + 3	≠	80 - (30 + 3)

3. Effectue.

794 + 4 =	798	8 950 - 8 =	8 942	18 000 : 60 =	300
794 + 40 =	834	8 950 - 80 =	8 870	80 x 9 =	720
794 + 400 =	1 194	8 950 - 800 =	8 150	9000 : 4 =	2 250
794 + 4 000 =	4 794	8 950 - 8 000 =	950	300 x 200 =	60 000
431 + 199 =	630	762 + 190 =	952	363 - 290 =	73
23 + 399 =	422	24 + 290 =	314	826 - 490 =	336
16 + 299 =	315	472 - 199 =	273	748 - 590 =	158
87 + 499 =	586	627 - 299 =	328	825 - 190 =	635

OPÉRATIONS
AVEC LES «MILLE»...

3 000 + 1 900 =	4 900	9 000 - 2 500 =	6 500	6 300 - 1 200 =	5 100
3 700 + 2 200 =	5 900	10 000 - 6 400 =	3 600	7 800 - 5 400 =	2 400
6 500 + 1 300 =	7 800	7 000 - 3 400 =	3 600	7 100 - 300 =	6 800
3 700 + 4 400 =	8 100	6 000 - 4 800 =	1 200	4 200 - 600 =	3 600
3 300 - 1 700 =	1 600	6 000 + 10 =	6 010	3 000 - 10 =	2 990
10 000 - 9 200 =	800	2 700 + 1 =	2 701	2 000 - 8 =	1 992
7 500 - 3 900 =	3 600	1 300 + 18 =	1 318	6 200 - 5 =	6 195
7 900 - 3 600 =	4 300	1 460 + 40 =	1 500	5 600 - 30 =	5 570
4 200 + 120 =	4 320	2 680 - 30 =	2 650	7 600 - 150 =	7 450
2 453 + 10 =	2 463	4 260 - 60 =	4 200	4 005 - 8 =	3 997
9 600 + 320 =	9 920	7 369 - 200 =	7 169	6 324 - 19 =	6 305
2 073 + 400 =	2 473	1 072 - 600 =	472	4 174 - 16 =	4 158
3 002 + 4 =	3 006	8 450 + 9 =	8 459	7 798 + 4 =	7 802
3 002 + 40 =	3 042	8 450 + 90 =	8 540	7 798 + 40 =	7 838
3 002 + 400 =	3 402	8 450 + 900 =	9 350	7 798 + 400 =	8 198
3 002 + 4 000 =	7 002	8 450 + 9 000 =	17 450	7 798 + 4 000 =	11 798
6 001 - 4 =	5 997	3 040 - 5 =	3 035	7 793 - 9 =	7 784
6 001 - 40 =	5 961	3 040 - 50 =	2 990	7 793 - 90 =	7 703
6 001 - 400 =	5 601	3 040 - 500 =	2 540	7 793 - 900 =	6 893
6 001 - 4 000 =	2 001	13 040 - 5 000 =	8 040	17 793 - 9 000 =	8 793

CORRECTIFS

OPÉRATIONS
100 000

1.

100 000		100 000		100 000	
80 000 +	**20 000**	50 600 +	**49 400**	99 909 +	**91**
88 000 +	**12 000**	32 500 +	**67 500**	90 008 +	**9 992**
13 000 +	**87 000**	37 750 +	**62 250**	208 000 -	**108 000**
91 000 +	**9 000**	**59 940**	+ 40 060	101 010 -	**1 010**
37 000 +	**63 000**	**67 376**	+ 32 624	110 000 -	**10 000**

100 000
- 1 = **99 999**
- 50 = **99 950**
- 500 = **99 500**
- 5 000 = **95 000**
- 50 000 = **50 000**

100 000
- 1 000 = **99 000**
- 10 = **99 990**
- 11 = **99 989**
- 110 = **99 890**
- 101 = **99 899**

100 000
70 000 + **30 000**
7 000 + **93 000**
7 + **99 993**
70 + **99 930**
- 101 = **99 899**
70 700 + **29 300**
77 + **99 923**

100 000 → - 7 250 → **92 750** → - 3 000 → **89 750** → - 22 120 → **67 630** → - 4 143 → **63 487** → - 380 → **63 107** → - 20 000 → **43 107**

OPÉRATIONS
ADDITIONS ET SOUSTRACTIONS DE GRANDS NOMBRES

1.

100 000 - 80 000 =	**20 000**	100 000 - 50 =	**99 950**
10 000 - 200 =	**9 800**	100 000 - 10 000 =	**90 000**
100 000 - 20 =	**99 980**	10 000 - 10 =	**9 990**
1 000 000 - 1 000 =	**999 000**	1 000 000 - 100 =	**999 900**
20 000 + 300 =	**20 300**	300 000 - 102 000 =	**198 000**
120 000 - 2 000 =	**118 000**	400 000 - 15 000 =	**385 000**
100 000 - 300 =	**99 700**	300 000 - 100 400 =	**199 600**
300 000 - 140 000 =	**160 000**	300 000 - 156 =	**299 844**
60 000 + 2 000 =	**62 000**	350 600 + 4 000 =	**354 600**
66 000 + 5 000 =	**71 000**	620 + 603 + 3 040 =	**4 263**
39 000 + 11 000 =	**50 000**	340 000 + 66 000 =	**406 000**
100 000 + 600 =	**100 600**	30 000 + 327 624 =	**357 624**

160 073 - **50 000** = 110 073
283 630 - **23 030** = 260 600
183 003 **+ 660** = 183 663
540 303 + **4 041** = 544 344

2. Relie les additions.

698 000 =

30	695 000
300	664 700
3 000	697 700
3	697 997
33300	697 970

CORRECTIFS

3.

70 000 + 3 =	70 003	18 794 + 5 =	18 799
70 000 + 30 =	70 030	18 794 + 50 =	18 844
70 000 + 300 =	70 300	18 794 + 500 =	19 294
70 000 + 3 000 =	73 000	18 794 + 5 000 =	23 794
70 000 + 30 000 =	100 000	18 794 + 50 000 =	68 794
26 981 + 7 =	26 988	60 000 - 4 =	59 996
26 981 + 70 =	27 051	60 000 - 40 =	59 960
26 981 + 700 =	27 681	60 000 - 400 =	59 600
26 981 + 7 000 =	33 981	60 000 - 4 000 =	56 000
26 981 + 70 000 =	96 981	60 000 - 40 000 =	20 000
16 900 - 100 =	16 800	12 463 - 7 =	12 456
16 900 - 1 000 =	15 900	12 463 - 70 =	12 393
16 900 - 10 =	16 890	12 463 - 700 =	11 763
16 900 - 10 000 =	6 900	12 463 - 7 000 =	5 463
16 900 - 1 =	16 899	112 463 - 70 000 =	42 463

4. Trace toutes les flèches.

.... vaut 500 de plus que ....

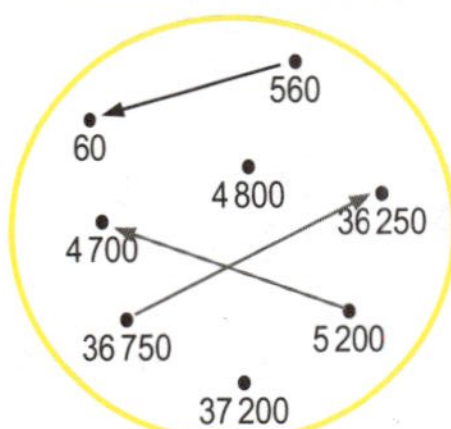

.... vaut 110 de moins que ....

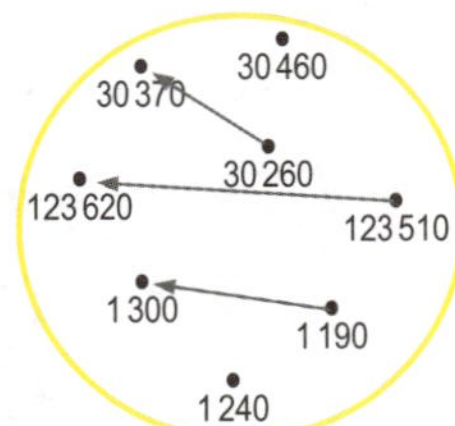

OPÉRATIONS
EXTENSION DES TABLES

1. Complète.

45 =

5 x	9
50 x	0,9
0,5 x	90
0,05 x	900

72 =

8 x	9
0,8 x	90
80 x	0,9
800 x	0,09

4,9 =

7 x	0,7
70 x	0,07
0,7 x	7
0,07 x	70

240 =

6 x	40
60 x	4
0,6 x	400
600 x	0,4

2. Effectue.

15 x 4 =	60	2,5 x 600 =	1 500
0,15 x 0,4 =	0,06	0,02 x 2,4 =	0,048
1,5 x 400 =	600	1,1 x 500 =	550
1500 x 0,04 =	60	0,04 x 60 =	2,4
150 x 40 =	6 000	700 x 0,3 =	210

3. Complète.

x ↷	5	0,5	50
6	30	3	300
0,6	3	0,3	30
60	300	30	3 000

x ↷	80	8	0,8
0,3	24	2,4	0,24
3	240	24	2,4
30	2 400	240	24

CORRECTIFS

OPÉRATIONS
EXTENSION DES TABLES

1. Exemple.

0,06 x 0,9 = 0,054	0,06 x 9 = 0,54	0,06 x 90 = 5,4	0,06 x 900 = 54
0,6 x 0,9 = 0,54	0,6 x 9 = 5,4	0,6 x 90 = 54	0,6 x 900 = 540
6 x 0,9 = 5,4	**Départ !!! 6 x 9 = 54**	6 x 90 = 540	6 x 900 = 5 400
60 x 0,9 = 54	60 x 9 = 540	60 x 90 = 5 400	60 x 900 = 54 000
600 x 0,9 = 540	600 x 9 = 5 400	600 x 90 = 54 000	600 x 900 = 540 000

2. Imite l'exemple.

0,07 x 0,8 = 0,056	0,07 x 8 = 0,56	0,07 x 80 = 5,6	0,07 x 800 = 56
0,7 x 0,8 = 0,56	0,7 x 8 = 5,6	0,7 x 80 = 56	0,7 x 800 = 560
7 x 0,8 = 5,6	**Départ !!! 7 x 8 = 56**	7 x 80 = 560	7 x 800 = 5 600
70 x 0,8 = 56	70 x 8 = 560	70 x 80 = 5 600	70 x 800 = 56 000
700 x 0,8 = 560	700 x 8 = 5 600	700 x 80 = 56 000	700 x 800 = 560 000

OPÉRATIONS
LA CALCULATRICE

1. Colorie les touches sur lesquelles tu dois appuyer pour :

bleu jaune rouge brun vert gris

a. Allumer ou éteindre la calculatrice (vert)
b. Additionner deux nombres (bleu)
c. Soustraire deux nombre (jaune)
d. Multiplier deux nombres (rouge)
e. Diviser deux nombres (brun)
f. Introduire les décimales (gris)

2. Effectue.

Voici les produits achetés par le propriétaire d'un restaurant :

- lait : 50 l à 0,75 € le litre,
- pommes de terre : 120 kg à 1,2 € le kilo,
- pain complet : 12 pains à 2 € le pain.

Complète l'opération qu'il doit effectuer.

37,5 144 24

(50 x 0,75) + (120 x 1,2) + (12 x 2)

Effectue cette opération avec ta calculatrice et donne le résultat } Résultat : 205,5 €

CORRECTIFS

3. **Complète les touches sur lesquelles tu as appuyé pour obtenir :**

623 - 3,2 =

[6] [2] [3] [-] [3] [.] [2] [=] 619,8

854 x 803 =

[8] [5] [4] [x] [8] [0] [3] [=] 685 762

425 + 57,9 =

[4] [2] [5] [+] [5] [7] [.] [9] [=] 482,9

634 : 4,2 =

[6] [3] [4] [÷] [4] [.] [2] [=] 150,9523809

36 + (14 976 : 68) =

[3] [6] [+] [(] [1] [4] [9] [7] [6] [÷] [6] [8] [)] [=] 256,2352941

(35 x 16) + (63 x 45) =

[(] [3] [5] [x] [1] [6] [)] [+] [(] [6] [3] [x] [4] [5] [)] [=] 3 395

4. **Calcule rapidement et complète les touches.**

Le double du double de 1,5

[2] [x] [2] [x] [1] [.] [5] [=] 6

Le demi du demi de 10,5

[1] [0] [.] [5] [÷] [2] [÷] [2] [=] 2,625

OPÉRATIONS
DIVISEURS ET MULTIPLES

1. **Écris 3 diviseurs pour chacun de ces nombres.**

12 1-2-3-4-6-12
30 1-2-3-5-6-10-15-30
100 1-2-4-5-10-20-25-50-100
42 1-2-3-6-7-21-42
36 1-2-3-4-9-12-18-36
64 1-2-4-8-16-32-64
96 1-2-3-4-6-8-12-16-24-32-48-96
560 1-2-4-5-7-8-10-14-16-20-28-35-40-56-70-80-112-140-280-560
500 1-2-4-5-10-20-25-50-100-125-250-500

2. **Écris 3 multiples pour chacun de ces nombres.**

4 8-12-16-20-24-28...
7 14-21-28-35-42-49...
25 50-75-100-125-150...
10 20-30-40-50-60...
8 16-24-32-40-48-56...
75 150-225-300-375-750...
15 30-45-60-75-90-105-120-135150...
35 70-105-140-175-210...
100 200-300-400-500-600...

3. **Dans chaque colonne, écris les diviseurs de chaque nombre et entoure le plus grand diviseur qui est commun aux deux.**

18 1-2-3-6-9-18
24 1-2-3-4-6-8-12-16-24
30 1-2-3-4-5-6-10-15-30
45 1-3-5-9-15-45
36 1-2-3-4-6-9-18-36
48 1-2-3-4-6-8-12-16-24-48

4. **Voici la liste de tous les diviseurs de 40, 72 et 84.**

1 2 3 4 5 6 7 8 9 10 12
14 18 20 21 24 28 36 40 42 72 84

a. Colorie les diviseurs de 40
b. Encercle les diviseurs de 72
c. Trace un x sur les diviseurs de 84
d. Quel est le plus grand diviseur commun à 40 et 72 8
e. Quel est le plus grand diviseur commun à 72 et 84 12
f. Quel est le plus grand diviseur commun à 40 et 84 4

CORRECTIFS

NUMÉRATION

1. Écris.

- le plus grand nombre entier d'un chiffre : 9
- le plus grand nombre entier de deux chiffres : 99
- le plus petit nombre entier de deux chiffres identiques : 11
- le plus grand nombre entier de trois chiffres : 999
- le plus grand nombre entier de trois chiffres différents : 987
- le plus petit nombre entier de trois chiffres : 100
- le plus petit nombre entier de quatre chiffres différents : 1 023
- le plus petit nombre entier de quatre chiffres identiques : 1 111
- le plus petit nombre entier de cinq chiffres : 10 000
- le plus petit nombre entier de cinq chiffres différents : 10 234

2. Complète par les mots, nombre(s) ou chiffre(s) dans chaque phrase.

- Quel est le plus petit **nombre** à quatre **chiffres** ?
- Quel est le **chiffre** des dizaines dans le **nombre** 78 ?
- Écris un **nombre** à trois **chiffres**
- Pour écrire les **nombres** nous disposons de 10 **chiffres**
- Dans le **nombre** 94, le 9 est un **chiffre**

3. Entoure les nombres entiers positifs.

50 - $\frac{6}{6}$ - 7,3 - 9,1 - $\frac{8}{4}$ - 0,8 - 1 - $\frac{5}{3}$

4. Écris un nombre en fonction des consignes.

- un nombre entier impair : **Exemple : 1, 3, 5, 7,...**
- un nombre entier rond et négatif : **Exemple : -2, -3, -4,...**
- un nombre à virgule : **Exemple : 1,2 - 3,2 - ...**
- un nombre pair à 3 chiffres : **Exemple : 444, 842, 686, ...**
- un nombre carré pair : **Exemple : 36, 4, 64,...**

5. Écris les nombres suivants en respectant les intervalles.

- 26163 : **26 163**
- 430072 : **430 072**
- 4063200 : **4 063 200**
- 70009025 : **70 009 025**
- 4158405 : **4 158 405**
- 9065293 : **9 065 293**
- 632680912 : **632 680 912**

6. Écris les deux nombres placés juste avant et juste après.

48 324	48 325	48 326	48 327	48 328
98 727	98 728	98 729	98 730	98 731
346 518	346 519	346 520	346 521	346 522
939 996	939 997	939 998	939 999	940 000
2 836 759	2 836 760	2 836 761	2 836 762	2 836 763
76 226 238	76 226 239	76 226 240	76 226 241	76 226 242

CORRECTIFS

7. Par colonne, écris les nombres du plus grand au plus petit.

4 307 646 →	4 907 646	6 976 207 →	6 976 706
4 907 646	4 408 646	6 965 207	6 976 407
4 408 646	4 407 646	6 976 407	6 976 207
4 308 646	4 308 646	6 965 209	6 965 209
4 407 646	4 307 646	6 976 706	6 965 207

8. Par colonne, écris les nombres du plus petit au plus grand.

597 336 →	59 736	1 436 270 →	1 436 270
59 736	597 336	1 463 720	1 456 320
5 973 366	597 663	1 553 273	1 463 720
597 663	5 973 366	1 535 723	1 535 723
5 975 263	5 975 263	1 456 320	1 553 273

9. Les numéros suivants contiennent des zéros inutiles. Supprime-les.

003 648 000 540 → 3 648 000 540
004 000 009 → 4 000 009
000 017 500 000 040 → 17 500 000 040
000 008 000 000 → 8 000 000
0 063 604 702 600 → 63 604 702 600

10. Écris les nombres dans le tableau.

Classe des milliards			Classe des millions			Classe des milliers			Classe des unités			Classe des millièmes			
C	D	U	C	D	U	C	D	U	C	D	U	C	D	U	
							5	1	3	5	6				→ 51 356
						2	9	0	7	4	1				→ 290 741
					1	4	2	6	6	7	3				→ 1 426 673
									7	2	6				→ 726
						3	4	1	5	4	0				→ 341 540
				8	2	8	3	6	7	6	1				→ 82 836 761
			1	6	3	7	2	7	1	3	7				→ 163 727 137

11. Écris en chiffres.

trois mille cinq → 3 005
deux mille quatre cents → 2 400
quatre cent trois mille cinq → 403 005
sept cent mille cent vingt → 700 120
cent dix mille cent dix → 110 110
trois millions trois cent mille trois cents → 3 300 300
dix sept millions cent → 17 000 100

12. Écris en chiffres.

4UM + 9C + 5D + 1u = 4 951
1DM + 3UM + 7C + 6D + 5u = 13 765
2CM + 4UM + 2C + 7u = 204 207
9UM + 8u = 9 008
3DM + 7C + 5D = 30 750
1 UM + 34U = 1 034

CORRECTIFS

13. Quelle est la valeur de ces chiffres ?

23 578 → 8u, 7D, 5C, 3UM, 2DM

487 385 → 5u, 8D, 3C, 7UM, 8DM, 4CM

12 673 037 → 7u, 3D, 0C, 3UM, 7DM, 6CM, 2UMi, 1DMi

14. Dans le nombre 442 882, introduis le chiffre 5 pour qu'il devienne :

- le chiffre des u : **4 428 825**
- le chiffre des DM : 4 452 882
- le chiffre des D : 4 428 852
- le chiffre des UMi : 5 442 882
- le chiffre des CM : 4 542 882
- le chiffre des C : 4 428 582

15. Complète.

2DM de moins que 86 245 : 66 245
6u de moins que 16 307 : 16 301
3C de plus que 25 750 : 26 050
5UM de plus que 48 400 : 53 400
7DM de plus que 21 725 : 91 725
3uMil de plus que 70 000 : 3 070 000
4CM de moins que 515 000 : 115 000

16. Complète la décomposition.

7 821 639
= (**7** x 1 000 000) + (8 x 100 000) + (2 x 10 000) + (1 x 1 000) +
(6 x 100) + (3 x 10) + (9 x 1)

= 70 000 000 + 800 000 + 20 000 + 1 000 + 600 + 30 + 9

623 738
= (6 x 100 000) + (2 x 10 000) + (3 x 1 000) + (7 x 100) +
(3 x 10) + (8 x 1)

= 600 000 + 20 000 + 3 000 + 700 + 30 + 8

17. Décompose ces nombres. Écris-les dans un tableau pour t'aider.

685 124 352 = 68 DMi 512 DM et 4 352 u
= 685 UMi 124 UM et 352 u
= 6 851 CM 2 435 D et 2 u
= 685 124 UM et 352 u

4 624 036 = 4 millions 624 mille et 36 unités
= 46 CM 24 UM 36 unités
= 4624 UM 36 unités

CORRECTIFS

LES NOMBRES DÉCIMAUX

1. Écris les nombres dans le tableau.

C	D	U	,	d	c	m		
		0	,	0	6		←	0,06
		0	,	0	0	6	←	0,006
	1	2	,	6	0		←	12,60
	7	8	,	3	9		←	78,39
6	9	2	,	0	7	5	←	692,075

C	D	U	,	d	c	m		
		5	,	3			←	5 unités 3 dixièmes
		0	,	0	4		←	0 unité 4 centièmes
2	0	0	,	0	0	8	←	deux cents unités 8 millièmes
	1	3	,	5	0	7	←	treize unités 5 dixièmes 7 millièmes
4	2	0	,	4	0		←	quatre cent vingt unités quarante centièmes

2. Supprime les zéros inutiles.

700	700,07	700,~~0~~	~~0~~70,7	707,07~~0~~
0,07~~0~~	~~00~~7	7 000,7~~00~~	7 700,7~~00~~	~~0~~ ~~0~~70,07~~0~~

3. Place la virgule de manière que ...

le 9 devienne le chiffre des unités : 4 6 9,2 4 0
le 5 devienne le chiffre des dixièmes : 3 7 8 6,5 1
le 0 devienne le chiffre des centièmes : 3 2 1,7 0 4
ce nombre soit le plus grand nombre à virgule possible : 6 9 1 5 2,3
le 2 devienne le chiffre des millièmes : 7 5 8,0 1 2

4. Écris en chiffres.

8 dixièmes → 0,8
5 centièmes → 0,05
1 unité sept dixièmes → 1,7
1 dixième et 7 centièmes → 0,17
4 unités et 8 millièmes → 4,008
8 unités 3 dixièmes → 8,3
4 centièmes 9 millièmes → 0,049

5. Écris en lettres.

0,4 → **4 dixièmes**
1,06 → **1 unité 6 centièmes**
13,002 → **13 unités 2 millièmes**
3,71 → **3 unités 71 centièmes**
7,63 → **7 unités 63 centièmes**
0,009 → **9 millièmes**
127,320 → **127 unités 320 millièmes**
24,136 → **24 unités 136 millièmes**

CORRECTIFS

6. Complète par < , > ou = .

80,6	=	80,60	6070	=	6070,0
0,05	<	0,5	4,090	<	4,9
2,340	=	2,34	3,050	<	3,5
6,1	>	6,070	13,8	>	13,08
80,8	<	808	0,845	>	0,485

7. Entoure d'un carré le plus petit nombre de chaque série, d'un cercle le plus grand.

8,008 - 8080 - 8,088 - 8,000

7,23 - 7,030 - 7,003 - 7,302 - 7,320

2,05 - 2,2 - 2,25 - 2,3 - 2,100

1,0001 - 1,001 - 1,1 - 1,01 - 1,111

8. Classe ces nombres par ordre croissant.

0 - 0,1 - 0,01 - 0,005 - 5	**0 < 0,005 < 0,01 < 0,1 < 5**
3,002 - 3,020 - 3,200 - 3,102 - 3,022	**3,002 < 3,020 < 3,022 < 3,102 < 3,200**
2,49 - 2,6 - 2,051 - 2,501 - 2,06	**2,051 < 2,06 < 2,49 < 2,501 < 2,6**
6,431 - 6,314 - 6,413 - 6,134 - 6,341	**6,134 < 6,314 < 6,341 < 6,413 < 6,431**

9. Classe ces nombres par ordre décroissant.

0,5 - 0,55 - 0,05 - 0,555 - 0	**0,555 > 0,55 > 0,5 >0,05 > 0**
42,2 - 42,02 - 42,22 - 42,002 - 42,222	**42,222 > 42,22 > 42,2 > 42,02 > 42,002**
12,067 - 10,66 - 6,706 - 11,67 - 12,607	**12,607 > 12,067 > 11,67 > 10,66 > 6,706**
10,99 - 10,909 - 10,999 - 10,099 - 14,1	**14,1 > 10,999 > 10,99 > 10,909 > 10,099**

10. Continue les séries.

63	63,01	63,02	63,03	63,04	63,05	63,06	63,07
2,05	2,07	2,09	2,11	2,13	2,15	2,17	2,19
8,95	8,9	8,85	8,80	8,75	8,70	8,65	8,60
1	0,99	0,98	0,97	0,96	0,95	0,94	0,93
16,35	16,45	16,55	16,65	16,75	16,85	16,95	17,05
100	99,95	99,90	99,85	99,80	99,75	99,70	99,65
80	80,003	80,006	80,009	80,012	80,015	80,018	80,021

11. Lis les nombres. Souligne les nombres plus petits que 1,5. Entoure les nombres entre 2,5 et 25.

0,673	1,29	10,4	96,032	1,45	24,365	126,036
1,763	1,93	2,49	25,003	0,999	25,035	20,689

12. Complète par le nombre manquant.

0,75 c'est 0,50 et **0,25**
0,75 c'est trois fois **0,25**
0,75 c'est **0,25** de moins que 1
0,755 c'est 0,350 et **0,405**
0,935 c'est 0,005 et **0,930**

0,80 c'est **0,65** et 0,15
0,80 c'est deux fois **0,40**
0,80 c'est **0,20** de moins que 1
0,888 c'est quatre fois **0,222**
0,835 c'est **0,165** de moins que 1

CORRECTIFS

CALCULER AVEC DES NOMBRES DÉCIMAUX

1. Forme 1 unité.

1 = 0,7 + **0,3**	1 = 0,5 + **0,5**	1 = 0,93 + **0,07**
1 = 0,26 + **0,74**	1 = 0,350 + **0,650**	1 = 0,093 + **0,907**
1 = 0,3 + **0,7**	1 = 0,002 + **0,998**	1 = 0,09 + **0,91**
1 = 0,225 + **0,775**	1 = 0,74 + **0,26**	1 = 0,903 + **0,097**

2. Complète l'égalité en écrivant les décimales prévues par un point.

2,6 = 2 , **6 0**	60 = 60 , **0 0**	61,010 = 61 , **0 1**
62,720 = 62 , **7 2**	7,020 = 7 , **0 2**	0,07 = 0 , **0 7 0**
15,20 = 15 , **2**	4,2 = 4 , **2 0 0**	9,000 = 9 , **0 0 0**

3. Entoure les paires dont la somme est un nombre entier.

(0,750 et 0,25)	0,87 et 0,870	2,07 + 3,70
0,125 et 0,775	(7,4 et 1,60)	5,994 + 0,06
0,001 et 0,900	0,6 et 0,04	(18,32 + 2,680)

4. Additionne.

2 + 0,3 = **2,3**	95,3 + 4,09 = **99,39**	1,24 + 2,315 = **3,555**
4 + 0,27 = **4,27**	109,04 + 72 = **181,04**	13,66 + 1,23 = **14,89**
10 + 0,063 = **10,063**	10,52 + 4,08 = **14,6**	126,001 + 0,3 = **126,301**
0,5 + 0,4 = **0,9**	1,32 + 0,06 = **1,38**	75,64 + 0,006 = **75,646**
0,8 + 0,03 = **0,83**	1,623 + 0,09 = **1,713**	173,20 + 42,1 = **215,3**

5. Soustrais.

1 - 0,08 = 0,92	100 - 3,6 = 96,4	1,12 - 0,57 = 0,55
100 - 0,5 = 99,5	7,3 - 2,42 = 4,88	1,33 - 0,227 = 1,103
2 - 0,155 = 1,845	0,7 - 0,009 = 0,691	5,5 - 2,39 = 3,11
10,6 - 0,8 = 9,8	102,6 - 2,66 = 99,94	10,58 - 0,9 = 9,68
5,125 - 0,75 = 4,375	100 - 13,3 = 86,7	17,125 - 2,7 = 14,425

6. Multiplie.

8 x 0,25 = 2	4 x 0,002 = 0,008	1,002 x 5 = 5,01
2 x 0,6 = 1,2	7 x 1,3 = 9,1	0,75 x 4 = 3
0,4 x 7 = 2,8	3,5 x 3 = 10,5	0,04 x 12 = 0,48
0,150 x 6 = 0,9	2 x 1,005 = 2,01	2,63 x 2 = 5,26
0,003 x 4 = 0,012	0,23 x 6 = 1,38	0,133 x 4 = 0,532

7. Divise.

0,24 : 4 = 0,06	4,2 : 2 = 2,1	1,477 : 7 = 0,211
0,009 : 3 = 0,003	3,6 : 0,9 = 4	7,255 : 5 = 1,451
0,288 : 4 = 0,072	0,95 : 5 = 0,19	30,26 : 2 = 15,13
2 : 5 = 0,4	0,888 : 8 = 0,111	1,92 : 4 = 0,48
0,30 : 6 = 0,05	2,15 : 5 = 0,43	2,25 : 9 = 0,25

8. Complète.

3,36 + 0,84 = 4,2	0,42 : 7 = 0,06	4,5 = 3 x 1,5
12,136 + 1,364 = 13,5	5,6 : 8 = 0,7	3,60 = 9 x 0,4
1,36 + 2,008 = 3,368	0,15 : 30 = 0,005	0,3 = 6 x 0,05
8,45 - 2,25 = 6,2	1,4 : 0,7 = 2	2,1 = 7 x 0,3
624,3 - 45,6 = 578,7	5,4 : 9 = 0,6	0,025 = 5 x 0,005

CORRECTIFS

GRANDS NOMBRES ET NOMBRES À VIRGULE

1. Complète le tableau.

Millions			Mille			Unités				Décimales			
C	D	U	C	D	U	C	D	U	,	d	c	m	
			3	2	6	7	2	4	,	5	6		326 724,56
		8	7	2	9	2	7	5	,	7			8 729 275,7
					1	9	8	7	,	3	0	6	1 987,306
						7	2	6	,	0	6		726,06
			7	5	8	0	3	4	,	1			758 034,1
							9	8	,	5	2	3	98,523
		9	3	0	5	4	2	6	,	9			9 305 426,9
	5	8	0	0	2	0	4	8	,	0	7	2	58 002 048,072

2. Écris en chiffres.

3CM + 3DM + 2UM + 5C + 2D + 0U + 6d + 7c = **332 520,67**

4DMi + 5UM + 4D + 3U + 2c = **40 005 043,02**

5CMi + 8CM + 1DM + 6U + 9m = **500 810 006,009**

Vingt-six mille deux cent dix unités et trente-deux millièmes = **26 210,032**

Trois cent trente-trois mille unités et quatre dixièmes = **333 000,4**

3. Dans le nombre 4 689 270,531.

0 représente les **unités**
1 représente les **millièmes**
2 représente les **centaines**
3 représente les **centièmes**
4 représente les **unités de millions**
5 représente les **dixièmes**
6 représente les **centaines de milliers**
7 représente les **dizaines**
8 représente les **dizaines de milliers**
9 représente les **unités de milliers**

LES CHIFFRES ROMAINS

RAPPEL : I = 1 V = 5 X = 10 L = 50 C = 100 D = 500 M = 1 000

1. Écris les nombres suivants en chiffres romains.

8 = **VIII**
9 = **IX**
11 = **XI**
57 = **LVII**
40 = **XL**
25 = **XXV**
234 = **CCXXXIV**
99 = **XCIX**
104 = **CIV**
568 = **DLXVIII**
1 326 = **MCCCXXVI**
2 011 = **MMXI**

2. Écris les nombres suivants en chiffres arabes.

VII = **7**
XXIV = **24**
XXXVIII = **38**
XLIX = **49**
CXLV =
MCI =
MDLIV =
MDCXXII = **1 622**
DCCLIII = **753**
MCDXL = **1 440**
MCMXCII = **1 992**
MDCCCLXXVI = **1 876**

3. Effectue les opérations et écris le résultat en chiffres romains.

XII + VII = **XIX**
C + L = **CL**
D + XIII = **DXIII**
IVCLXXIV - XL = **IVCXXXIV**
MD : III = **D**
LIX - LVIII = **I**

4. Mets le signe qui convient : < ou >

XVIII **<** XIX
CXV **<** CXXI
MDL **>** MLX
LXV **>** XLVI

Correctifs

Les nombres négatifs

1. Complète.

-5 -4 -3 -2 -1 0 1 2 3 4 5

-25 -20 -15 -10 -5 0 5 10 15 20 25

-15 -12 -9 -6 -3 0 3 6 9 12 15

2. Écris les nombres suivants en ordre croissant.

-6 9 -12 -3 6 -20 -13
-20 < -13 < -12 < -6 < -3 < 6 < 9

0 -1 4 -16 19 -13 14
-16 < -13 < -1 < 0 < 4 < 14 < 19

-2 4 10 -6 5 11 -8
-8 < -6 < -2 < 4 < 5 < 10 < 11

3. Écris les nombres suivants en ordre décroissant.

-4 0 -2 3 10 -12 -16
10 < 3 < 0 < -2 < -4 < -12 < -16

-8 -10 -3 1 -5 6 -9
6 < 1 < -3 < -5 < -8 < -9 < -10

7 -8 2 -1 -14 13 8
13 < 8 < 7 < 2 < -1 < -8 < -14

Calcul mental
x 10 – x 100 – x 1 000

Mille			Unités			,	Décimales			
C	D	U	C	D	U	,	d	c	m	
				4	1	,	2	3	3	
			4	1	2	,	3	3	←	x 10
		4	1	2	3	,	3	←	←	x 100
	4	1	2	3	3	,	←	←	←	x 1 000

1. Effectue.

28,826 x 100 = 2 882,6
686,1 x 1 000 = 686 100
6 461,1 x 1 000 = 6 461 100
731,7 x 100 = 73 170
230,62 x 100 = 23 062

810,3 x 1 000 = 810 300
36,79 x 10 = 367,9
6,529 x 10 = 65,29
3614,473 x 100 = 361 447,3
406,88 x 10 = 4 068,8

10 x 0,415 = 4,15
1 000 x 0,415 = 415
1 000 x 4,15 = 4 150
100 x 41,5 = 4 150
100 x 0,415 = 41,5

2. Retrouve le multiplicateur.

708,29 x 10 = 7 082,9
865,2 x 100 = 86 520
83,492 x 1 000 = 83 492
47,167 x 10 = 471,67
36,01 x 10 = 360,1

4 596,3 x 100 = 459 630
48,556 x 1 000 = 48 556
16,46 x 10 = 164,6
5 361,9 x 10 = 53 619
882,6 x 10 = 8 826

3. Complète.

(x10 : 2e ligne → 1re ligne ; x1000 : 2e ligne → 3e ligne)

1,34	4,6	136	242,6	1358,13	383	0,4
0,134	0,46	13,6	24,26	135,813	38,300	0,04
134	460	13 600	24 260	135 813	38 300	40

CORRECTIFS

CALCUL MENTAL
: 10 – : 100 – : 1 000

Mille			Unités			,	Décimales		
C	D	U	C	D	U	,	d	c	m
		3	2	6	4	,			
x 10 →	→	→	3	2	6	,	4		
x 100 →	→	→	→	3	2	,	6	4	
x 1 000 →	→	→	→	→	3	,	2	6	4

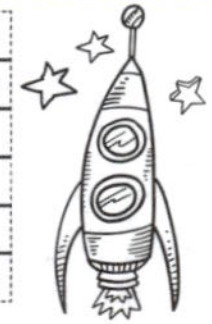

1. Effectue.

900 : 1 000 = **0,9**
1 600 : 10 = **160**
56,25 : 100 = **0,5625**
88,3 : 1 000 = **0,0883**
196,3 : 100 = **1,963**

72 : 1 000 = **0,072**
0,6 : 100 = **0,006**
4,6 : 10 = **0,46**
5 362,63 : 1 000 = **5,36263**
61 823,1 : 100 = **618,231**

460 : 100 = **4,6**
0,03 : 10 = **0,003**
1 932 : 100 = **19,32**
62 726,1 : 1 000 = **62,7261**
56,1 : 100 = **0,561**

2. Retrouve le diviseur.

68 044 : **1 000** = 68,044
9 642 : **100** = 96,42
93 549,1 : **1 000** = 93,5491
636 : **1 000** = 0,636
200 250 : **1 000** = 200,25

323,77 : **10** = 32,377
360 : **100** = 3,6
487,2 : **1 000** = 0,4872
11 664 : **100** = 116,64
50,2 : **100** = 0,502

3. Complète.

: 100	
300	3
61,03	0,6103
3,6	0,036
0,01	0,0001
63 000	630

: 1 000	
432	0,432
826,6	0,8266
1 832	1,832
56	0,056
6,31	0,00631

71 000 → : 1 000 → **71**
71 → : 100 → **0,71**
0,71 → : 100 → **0,0071**
0,0071 → : 10 → **0,00071**

CALCUL MENTAL
x 5 – x 50 – x 500 – x 0,5

RAPPEL :
x 5 → x 10 : 2 x 500 → x 1 000 : 2
x 50 → x 100 : 2 x 0,5 → x 1 : 2

1. Effectue.

5 x 6,5 = (6,5 x 10) : 2 = 32,5 (65)
50 x 1 300 = (100 x 1 300) : 2 (130 000) = 65 000
5 x 0,6 = (10 x 0,6) : 2 = 3 (6)
1,62 x 500 = (1,62 x 1 000) : 2 = 810 (1 620)
0,5 x 3,4 = (1 x 3,4) : 2 = 1,7 (3,4)

36,18 x 0,5 = (36,18 x 1) : 2 = 18,09 (36,18)
500 x 47,25 = (1000 x 47,25) : 2 = 23 625 (47 250)
50 x 7,2 = (100 x 7,2) : 2 = 360 (720)
0,5 x 0,56 = (1 x 0,56) : 2 = 0,28 (0,56)
5,64 x 5 = (5,64 x 10) : 2 = 28,2 (56,4)

2. Écris de suite la réponse.

66 x 50 = **3 300**
0,4 x 500 = **200**
0,55 x 5 = **2,75**
0,16 x 0,5 = **0,08**
50 x 1,9 = **95**

5 x 130 = **650**
0,5 x 65,5 = **32,75**
500 x 7,8 = **3 900**
5 x 116,5 = **582,5**
2 400 x 0,5 = **1 200**

0,8 x 50 = **40**
500 x 1,004 = **502**
19,6 x 0,5 = **9,8**
6,6 x 5 = **33**
34,03 x 500 = **17 015**

3. Complète.

	x 100	: 2
38	3 800	1 900
0,5	50	25
0,852	85,2	42,6
0,042	4,2	2,1
0,534	53,4	26,7

	x 10	: 2
248	2 480	1 240
5,64	56,4	28,2
7,95	79,5	39,75
46,42	464,2	232,1
0,16	1,6	0,8

	x 1	: 2
39,4	39,4	19,7
1,6	1,6	0,8
5,6	5,6	2,8
0,36	0,36	0,18
64,12	64,12	32,06

CORRECTIFS

CALCUL MENTAL : 5 – : 50 – : 500 – : 0,5

RAPPEL :

: 5 → : 10 x 2   : 500 → : 1 000 x 2
: 50 → : 100 x 2   : 0,5 → : 1 x 2

1. Effectue.

165
165 : 0,5 = (165 : 1) x 2 = 330

13,5
135 : 5 = (135 : 10) x 2 = 27

0,675
675 : 500 = (675 : 1 000) x 2 = 1,35

2,255
225,5 : 50 = (225,5 : 100) x 2 = 4,51

1,73
173 : 50 = (173 : 100) x 2 = 3,46

3,2742
3 274,2 : 500 = (3 274,2 : 1 000) x 2 = 6,5484

26,7
26,7 : 0,5 = (26,7 : 1) x 2 = 53,4

0,392
39,2 : 50 = (39,2 : 100) x 2 = 0,784

2. Relie et indique les opérations effectuées.

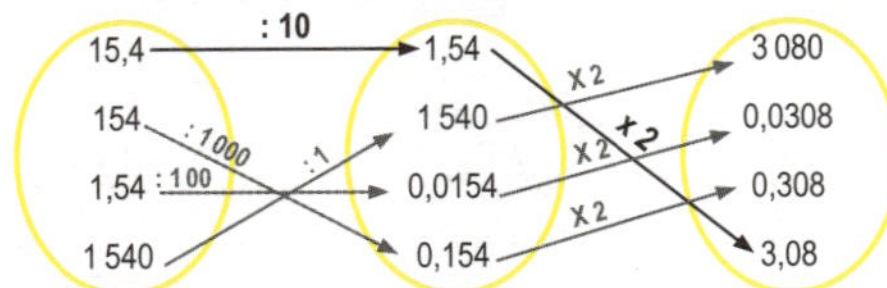

3. Complète.

316 →(x 5) 1 580 →(: 5) 316 →(x 50) 15 800 →(: 50) 316 →(x 0,5) 158 →(: 50) 3,16

1 975 000 ←(x 500) 3 950 ←(x 5) 790 ←(x 0,5) 1 580 ←(: 5) 7 900 ←(x 500) 15,8 ←(x 5) 3,16

CALCUL MENTAL x 11 – x 110 – x 101 – x 1 001 – x 1,1

RAPPEL :

x 11 → x 10 + (1 x N)   x 101 → x 100 + (1 x N)
x 110 → x 100 + (10 x N)   x 1 001 → x 1 000 + (1 x N)
x 1,1 → x 1 + ($\frac{1}{10}$ x N)

1. Effectue.

720   72
11 x 72 = (10 x 72) + (1 x 72) = 792

432   4,32
101 x 4,32 = (100 x 4,32) + (1 x 4,32) = 436,32

8 400   840
110 x 84 = (100 x 84) + (10 x 84) = 9 240

59,02   5,902
1,1 x 59,02 = (1 x 59,02) + (59,02 : 10) = 64,922

430   43
430 x 1,1 = (1 x 430) + (430 : 10) = 473

627   62,7
627 x 1,1 = (627 x 1) + (627 : 10) = 689,7

1 546   154,6
110 x 15,46 = (100 x 15,46) + (10 x 15,46) = 1 700,6

94   9,4
9,4 x 11 = (9,4 x 10) + (9,4 x 1) = 103,4

6903   69,03
69,03 x 101 = (69,03 x 100) + (69,03x1) = 6 972,03

1 360   13,6
13,6 x 101 = (13,6 x 100) + (13,6 x 1) = 1 373,6

2. < ou >.

75 x 11	>	5,3 x 110	1,1 x 55	=	5,5 x 11
101 x 6,7	>	0,013 x 101	1,8 x 110	>	1,91 x 101
1,1 x 1 200	>	0,12 x 110	110 x 0,7	>	0,631 x 11

3. Complète l'opérateur.

0,318 →(x 11) 3,498 →(x 101) 353,298 →(x 1,1) 388,6278 →(x 110) 42 749,058

CORRECTIFS

CALCUL MENTAL
x 9 - x 90 - x 99 - x 900 - x 990 - x 0,9

RAPPEL :

x 9 → x 10 - (1 x N) x 900 → x 1 000 - (100 x N)
x 90 → x 100 - (10 x N) x 990 → x 1 000 - (10 x N)
x 99 → x 100 - (1 x N) x 0,9 → x 1 - (1 x N)/10

1. Effectue.

45 4,5
4,5 x 9 = (4,5 x 10) - (1 x 4,5) = 40,5

12 600 1 260
900 x 12,6 = (1 000 x 12,6) - (100 x 12,6)
= 11 340

4 700 47
99 x 47 = (100 x 47) - (1 x 47) = 4 653

235 23,5
0,9 x 235 = (1 x 235) - (235 : 10)
= 211,5

4 260 42,6
42,6 x 99 = (42,6 x 100) - (1 x 42,6)
= 4 217,4

62 6,2
9 x 6,2 = (10 x 6,2) - (1 x 6,2) = 55,8

147 14,7
0,9 x 147 = (1 x 147) - (147 : 10) = 132,3

62 030 620,3
990 x 62,03 = (1 000 x 62,03) - (10 x 62,03) = 61 409,7

2. Coche la décomposition correcte.

<u>0,9 x 63 =</u>

- (10 x 63) - (0,1 x 63) ☐
- (10 x 63) - (1 x 63) ☐
- (1 x 63) - (0,1 x 63) ☒

<u>9 x 46,52 =</u>

- (10 x 46,52) - (0,1 x 46,52) ☐
- (10 x 46,52) - (1 x 46,52) ☒
- (10 x 46,52) - (10 x 46,52) ☐

3. Corrige si la réponse est fausse.

78 x 900 = 70 200	78,3 x 0,9 = ~~71,47~~ 70,47	5,27 x 990 = 5 217,3
58 x 99 = ~~5 745~~ 5 742	908 x 90 = 81 720	1,9 x 90 = ~~175~~ 171
77 x 9 = ~~696~~ 693	9,24 x 99 = 914,76	12,4 x 0,9 = 11,16
926 x 0,9 = 833,4	67 x 990 = ~~66 360~~ 66 330	9,26 x 900 = ~~844~~ 8 334

CALCUL MENTAL
x 1,5 - x 15 - x 150

RAPPEL :

x 1,5 → (x 1) + (1 x N : 2) x 150 → (x 100) + (1 x N : 2)
x 15 → (x 10) + (1 x N : 2)

1. Effectue.

60 30
6 x 15 = (6 x 10) + (60 : 2) = 90

34 17
34 x 1,5 = (34 x 1) + (34 : 2) = 51

80 800 40 400
808 x 150 = (808 x 100) + (80 800 : 2)
= 121 200

440 220
1,5 x 440 = (1 x 440) + (440 : 2)
= 660

426 213
150 x 4,26 = (100 x 4,26) + (426 : 2) = 639

122 61
122 x 1,5 = (122 x 1) + (122 : 2) = 183

9 640 4 820
96,4 x 150 = (96,4 x 100) + (9 640 : 2)
= 14 460

3,6 1,8
1,5 x 3,6 = (1 x 3,6) + (3,6 : 2) = 5,4

2. Relie le calcul à sa réponse.

- 15 x 0,5 = → 7,5
- 6,1 x 15 = → 91,5
- 12,5 x 150 = → 1 875
- 0,5 x 96,4 = → 48,2
- 150 x 430 = → 64 500
- 3,6 x 15 = → 54
- 15 x 187,50 = → 2 812,5

3. Invente trois calculs et résous-les en inscrivant le procédé.

.... x 1,5 = (..

.... x 15 = (..

150 x .... = (..

CORRECTIFS

Calcul mental
On mélange...

1. Résous. Tu peux écrire le procédé si besoin.

346,2 x 1 001 = 346 546,2
8,2 x 990 = 8 118
6,35 x 15 = 95,25
132 x 9 = 1 188
99 x 2,38 = 235,62
12,8 x 0,9 = 11,52
46,3 x 1,1 = 50,93
76 x 99 = 7 524
8,77 x 90 = 789,3
18 x 1,5 = 27

0,73 x 110 = 80,3
6,32 x 150 = 948
96,41 x 1,5 = 144,615
38 x 1,1 = 41,8
8,4 x 101 = 848,4
6,78 x 9 = 61,02
27,3 x 900 = 24 570
0,36 x 1 001 = 360,36
283 x 11 = 3 113
51 x 0,9 = 45,9

2.

x 1,1	16,5	103,862	28,6	4,092	0,88	2,86	39,82
	15	94,42	26	3,72	0,8	2,60	36,2
x 99	1 485	9 347,58	2 574	368,28	79,2	257,4	3 583,8

3. Des devinettes

426 x 1,1 = 468,6
45 x 90 = 4 050
18 x 15 = 270
0,3 x 990 = 297
2,4 x 1 001 = 2 402,4
0,1 x 150 = 15
0,36 x 110 = 39,6

332 x 0,9 = 298,8
56 x 900 = 50 400
135 x 1,5 = 202,5
8,6 x 11 = 94,6
2,38 x 9 = 21,42
124 x 101 = 12 524
32,02 x 99 = 3 169,98

Calcul mental
x 0,25 – x 2,5 – x 25 – x 250

Rappel :
x 0,25 → x 1 : 4 x 25 → x 100 : 4
x 2,5 → x 10 : 4 x 250 → x 1 000 : 4

1. Effectue.

25 x 380 = (100 x 380) : 4 = 9 500 (38 000)
0,36 x 25 = (0,36 x 100) : 4 = 9 (36)
56 x 2,5 = (56 x 10) : 4 = 140 (560)
0,12 x 0,25 = (0,12 x 1) : 4 = 0,03 (0,12)
250 x 0,8 = (1 000 x 0,8) : 4 = 200 (800)

0,25 x 25 = (0,25 x 100) : 4 = 6,25 (25)
2,5 x 4,2 = (10 x 4,2) : 4 = 10,5 (42)
202 x 250 = (202 x 1 000) : 4 = 50 500 (202 000)
0,25 x 16 = (1 x 16) : 4 = 4 (16)
0,08 x 2,5 = (0,08 x 10) : 4 = 0,2 (0,8)

2. Complète.

0,26 —x 100→ 26 —: 4→ 6,5 (x 25)
2,4 —x 10→ 24 —: 4→ 6 (x 2,5)
0,03666 —x 1 000→ 36,66 —: 4→ 9,165 (x 250)
50 —x 1→ 50 —: 4→ 12,25 (x 0,25)

3. Mets la réponse de suite.

1,8 : x 25 → 45 ; x 0,25 → 0,45 ; x 250 → 450 ; x 2,5 → 4,5
3,2 : x 250 → 800 ; x 0,25 → 0,8 ; x 25 → 80 ; x 2,5 → 8
16,4 : x 250 → 4 100 ; x 0,25 → 4,1 ; x 25 → 410 ; x 2,5 → 41

CORRECTIFS

CALCUL MENTAL
: 0,25 – : 2,5 – : 25 – : 250

RAPPEL :
: 0,25 → : 1 x 4   : 25 → : 100 x 4
: 2,5 → : 10 x 4   : 250 → : 1 000 x 4

1. Effectue.

3,5
350 : 25 = (350 : 100) x 4 = 14

62,5
625 : 2,5 = (625 : 10) x 4 = 250

0,075
75 : 250 = (75 : 1 000) x 4 = 0,3

25
25 : 0,25 = (25 : 1) x 4 = 100

120
120 : 0,25 = (120 : 1) x 4 = 480

1,52
15,2 : 2,5 = (15,2 : 10) X 4 = 6,08

0,06
6 : 25 = (6 : 100) X 4 = 0,24

96
96 : 0,25 = (96 : 1) x 4 = 384

0,1242
124,2 : 250 = (124,2 : 1 000) x 4
= 0,4968

0,55
5,5 : 2,5 = (5,5 : 10) x 4 = 2,2

2. Coche la ou les réponses exacte(s).

350 : 25
- [ ] = (350 : 4) x 100
- [x] = (350 x 4) : 100
- [x] = (350 : 100) x 4
- [ ] = (350 x 100) x 4

60,4 : 2,5
- [x] = (60,4 x 4) : 10
- [x] = (60,4 : 10) x 4
- [ ] = (60,4 x 10) x 4
- [ ] = (60,4 : 4) x 10

6,4 : 250
- [x] = (6,4 : 1 000) x 4
- [x] = (6,4 x 4) : 1 000
- [ ] = (6,4 x 1 000) : 4
- [ ] = (6,4 : 4) x 1000

308 : 0,25
- [x] = (308 : 1) x 4
- [ ] = (308 x 1) : 4
- [x] = (308 x 4) : 1
- [ ] = (308 : 4) x 1

3. Complète.

: 0,25

36	2	5	280	4,4
144	8	20	1 120	17,6

: 25

24	16	500	535	800
0,96	0,64	20	21,4	32

CALCUL MENTAL
x 75 – x 750 – x 7,5 – x 0,75

RAPPEL :
x 75 → (x 100 : 4) x 3   x 7,5 → (x 10 : 4) x 3
x 750 → (x 1 000 : 4) x 3   x 0,75 → (x 1 : 4) x 3

1. Effectue.

13
52 x 0,75 = (52 : 4) x 3 = 39

235
94 x 7,5 = (940 : 4) x 3 = 705

21
0,84 x 75 = (84 : 4) x 3 = 63

9 000
36 x 750 = (36 000 : 4) x 3 = 27 000

2 440
976 x 7,5 = (9 760 : 4) x 3 = 7 320

1 800
7,2 x 750 = (7 200 : 4) x 3 = 5 400

0,7
2,8 x 0,75 = (2,8 : 4) x 3 = 2,1

8,5
3,4 x 7,5 = (34 : 4) x 3 = 25,5

21
0,84 x 75 = (84 : 4) x 3 = 63

16
0,64 x 750 = (64 : 4) x 30 = 480

2. Relie le calcul à sa réponse.

12 x 75 =	• 180
0,408 x 75 =	• 42 000
24 x 7,5 =	• 360
6 x 750 =	• 900
416 x 0,75 =	• 4 500
56 x 750 =	• 312
48 x 7,5 =	• 30,6
6,36 x 0,75 =	• 4,77

3. Invente trois calculs et résous-les en inscrivant le procédé.

.... x 75 = (..............................

.... x 7,5 = (..............................

.... x 750 = (..............................

Correctifs

Calcul mental
: 75 – : 750 – : 7,5 – : 0,75

Rappel :

: 75 → (: 100 x 4) : 3 — : 7,5 → (: 10 x 4) : 3
: 750 → (: 1 000 x 4) : 3 — : 0,75 → (: 1 x 4) : 3

1. Effectue.

81 : 7,5 = (8,1 x 4) : 3 = 10,8 (32,4)
4 080 : 75 = (40,8 x 4) : 3 = 54,4 (163,2)
36 : 750 = (0,036 x 4) : 3 = 0,048 (0,144)
780 : 7,5 = (78 x 4) : 3 = 104 (312)
18 : 0,75 = (18 x 4) : 3 = 24 (72)

69 : 7,5 = (6,9 x 4) : 3 = 9,2 (27,6)
8,1 : 0,75 = (8,1 x 4) : 3 = 10,8 (32,4)
12 : 75 = (0,12 x 4) : 3 = 0,16 (0,48)
90 : 750 = (0,09 x 4) : 3 = 0,12 (0,36)
9,6 : 7,5 = (0,96 x 4) : 3 = 1,28 (3,84)

2. Corrige si nécessaire.

635 : 75 = (63 500 : 4) ✗ 3 = 15 875 → (6,35 x 4) : 3 = 8,46
405 : 750 = (4,05 x ✗) : 3 = 5,4 → (0,405 x 4) : 3 = 0,54
2,4 : 7,5 = (0,24 x 4) : 3 = 0,32 ✔
18 : 75 = (0,18 x 4) : 3 = 0,24 ✔
303 : 0,75 = (303 x 4) : 3 = 4✗4 → = 404

3. Invente et résous une division dont le diviseur est ...

75 = ...
750 = ...
0,75 = ...
7,5 = ...

Calcul mental
x 0,1 – x 0,01 – x 0,001

Rappel :

x 0,1 → : 10
x 0,01 → : 100
x 0,001 → : 1 000

1. Effectue.

172 000 x 0,001 = 172 000 : 1 000 = 172
32 600 x 0,1 = 32 600 : 10 = 3 260
120 x 0,01 = 120 : 100 = 1,2
43,5 x 0,1 = 43,5 : 10 = 4,35
0,18 x 0,01 = 0,18 : 100 = 0,0018
2,7 x 0,001 = 2,7 : 1 000 = 0,0027
323 200 x 0,1 = 323 200 : 10 = 32 320

446,67 x 0,01 = 446,67 : 100 = 4,4667
1 942 x 0,1 = 1 942 : 10 = 194,2
297,5 x 0,01 = 297,5 : 100 = 2,975
0,03 x 0,1 = 0,03 : 10 = 0,003
36,5 x 0,001 = 36,5 : 1 000 = 0,0365
0,021 x 0,1 = 0,021 : 10 = 0,0021
500 x 0,001 = 500 : 1 000 = 0,5

2. Complète.

= 725
7,25 : 0,01
72,5 : 0,1
0,725 : 0,001

= 62,3
0,623 : 0,01
6,23 : 0,1
62,3 : 1

= 9 186
9,186 : 0,001
91,86 : 0,01
918,6 : 0,1

3. Complète.

x 0,1		x 0,001		x 0,01	
826,6	82,66	4 756,3	4,7563	1 862 123	18 621,23
307,6	30,76	17,1	0,0171	480	4,8
0,04	0,004	1 250	1,25	2 225	22,25
144,1	14,41	300	0,3	780,44	7,8044
19 420	1 942	119 000	119	460	4,6

CORRECTIFS

CALCUL MENTAL
: 0,1 – : 0,01 – : 0,001

RAPPEL :
: 0,1 → x 10
: 0,01 → x 100
: 0,001 → x 1 000

1. Effectue.

3 : 0,1 = 3 x 10 = 30	7 612 : 0,01 = 7 612 x 100 = 761 200
45 : 0,01 = 45 x 100 = 4 500	54,076 : 0,1 = 54,076 x 10 = 540,76
4,3 : 0,001 = 4,3 x 1 000 = 4 300	78,94 : 0,001 = 78,94 X 1 000 = 78 940
0,85 : 0,1 = 0,85 x 10 = 8,5	0,658 : 0,01 = 0,658 x 100 = 65,8
94,88 : 0,01 = 94,88 x 100 = 9 488	9 898,2 : 0,1 = 9 898,2 x 10 = 98 982
32 673 : 0,01 = 32 673 x 100 = 3 267 300	8,02 : 0,1 = 8,02 x 10 = 80,2
38,56 : 0,001 = 38,56 x 1 000 = 38 560	879 : 0,01 = 879 x 100 = 87 900

2. Relie le calcul à son résultat.

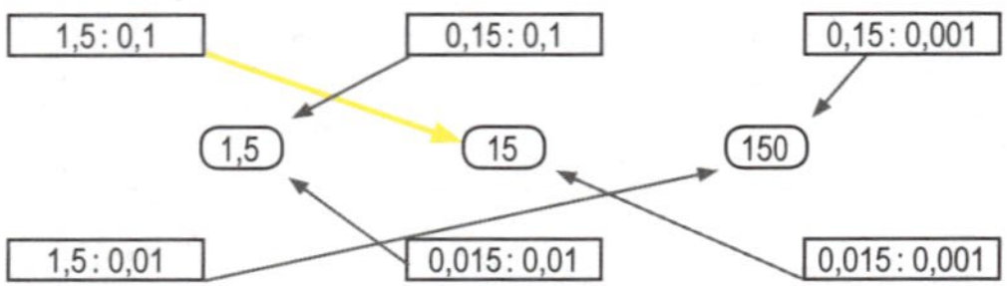

3. Complète.

2 561 :	0,01	= 256 100	3 :	0,01	= 300
7 712 :	0,1	= 77 120	0,876 :	0,01	= 87,6
254,2 :	0,01	= 25 420	1 046 :	0,1	= 10 460
53,95 :	0,1	= 539,5	9 635,452 :	0,01	= 963 545,2
0,425 :	0,001	= 425	4,025 :	0,001	= 4 025

CALCUL MENTAL
x 20... – x 200... – x 2000... / : 20... – : 200... – : 2000...

RAPPEL :
: 20 → : 10 ... : 2 ; ... : 30 → : 10 ... : 3 ; ...
: 200 → : 100 ... : 2 ; ... : 300 → : 100 ... : 3 ; ...
: 2 000 → : 1 000 ... : 2 ; ... : 3 000 → : 1 000 ... : 3 ; ...

RAPPEL :
x 20 → x 10 ... x 2 ; ... x 30 → x 10 ... x 3 ; ...
x 200 → x 100 ... x 2 ; ... x 300 → x 100 ... x 3 ; ...
x 2 000 → x 1 000 ... x 2 ; ... x 3 000 → x 1 000 ... x 3 ; ...

Résous les calculs suivants en écrivant la démarche.

2,6 x 200 = $(\overset{260}{2{,}6 \times 100}) \times 2 = 520$
48,4 x 3 000 = $(\overset{48\,400}{48{,}4 \times 1\,000}) \times 3 = 145\,200$
420,25 x 9 000 = $(\overset{420\,250}{420{,}25 \times 1\,000}) \times 9 = 3\,782\,250$
48,6 : 6 000 = $(\overset{0{,}0486}{48{,}6 : 1\,000}) : 6 = 0{,}0081$
186 : 30 = $(\overset{18{,}6}{186 : 10}) : 3 = 6{,}2$
24 234 : 400 = $(\overset{242{,}34}{24\,234 : 100}) : 4 = 60{,}585$
64 : 2 000 = $(\overset{0{,}064}{64 : 1\,000}) : 2 = 0{,}032$
390 x 80 = $(\overset{3\,900}{390 \times 10}) \times 8 = 31\,200$
525 : 500 = $(\overset{5{,}25}{525 : 100}) : 5 = 1{,}05$
213,06 x 40 = $(\overset{2\,130{,}6}{213{,}06 \times 10}) \times 4 = 8\,522{,}4$
82,96 : 20 = $(\overset{8{,}296}{82{,}96 : 10}) : 2 = 4{,}148$
17,4 : 200 = $(\overset{0{,}174}{17{,}4 : 100}) : 2 = 0{,}087$
384 : 60 = $(\overset{38{,}4}{384 : 10}) : 6 = 6{,}4$
942 : 400 = $(\overset{9{,}42}{942 : 100}) : 4 = 2{,}355$
624,003 x 200 = $(\overset{62\,400{,}3}{624{,}003 \times 100}) \times 2$
= 124 800,6

640 x 700 = $(\overset{64\,000}{640 \times 100}) \times 7 = 448\,000$
73 x 60 = $(\overset{730}{73 \times 10}) \times 6 = 4\,380$
0,21 : 7 000 = $(\overset{0{,}00021}{0{,}21 : 1\,000}) : 7 = 0{,}00003$
6,42 : 60 = $(\overset{0{,}642}{6{,}42 : 10}) : 6 = 0{,}107$
3,9 : 300 = $(\overset{0{,}039}{3{,}9 : 100}) : 3 = 0{,}013$
3 647,04 x 90 = $(\overset{36\,470{,}4}{3\,647{,}04 \times 10}) \times 9 = 328\,233{,}6$
942 : 40 = $(\overset{94{,}2}{942 : 10}) : 4 = 23{,}55$
9,69 : 30 = $(\overset{0{,}969}{9{,}69 : 10}) : 3 = 0{,}323$
28 x 400 = $(\overset{2\,800}{28 \times 10}) \times 4 = 11\,200$
124,74 x 600 = $(\overset{12\,474}{124{,}74 \times 100}) \times 6 = 74\,844$
601,250 x 200 = $(\overset{60\,125}{601{,}250 \times 100}) \times 2 = 120\,250$
64 : 8 000 = $(\overset{0{,}064}{64 : 1\,000}) : 8 = 0{,}008$
770 x 800 = $(\overset{7\,700}{770 \times 100}) \times 8 = 616\,000$
650,25 x 7 000 = $(\overset{650\,250}{650{,}25 \times 1\,000}) \times 7 = 4\,551\,750$
21,3 : 3 000 = $(\overset{0{,}0213}{21{,}3 : 1\,000}) : 3 = 0{,}0071$

Correctifs

Calcul mental
On mélange...

1. Résous. Tu peux écrire le procédé si besoin.

700 x 0,75 = **525**	12 : 750 = **0,016**
0,84 x 25 = **21**	52,5 x 250 = **13 125**
4,8 : 25 = **0,192**	480 : 75 = **6,4**
37 x 0,1 = **3,7**	3 : 2,5 = **1,2**
94 : 7,5 = **12,53**	82,5 x 0,001 = **0,0825**
85 x 2,5 = **212,5**	500 : 0,01 = **50 000**
3,14 x 0,01 = **0,0314**	0,9 : 0,75 = **1,2**
1,6 x 75 = **120**	0,25 x 0,25 = **0,0625**
7,5 : 0,25 = **30**	9,8 x 750 = **7 350**
3,6 : 0,1 = **36**	92,5 : 250 = **0,37**
9,6 x 7,5 = **72**	0,36 : 0,001 = **360**

2. Relie le calcul à sa réponse.

31 x 7,5 = •	• 0,43
3 243 : 0,1 = •	• 0,135
56 : 25 = •	• 2,24
16 : 0,75 = •	• 24 100
4,3 x 0,1 = •	• 232,5
96,4 x 250 = •	• 21,3
13,5 x 0,01 = •	• 32 430

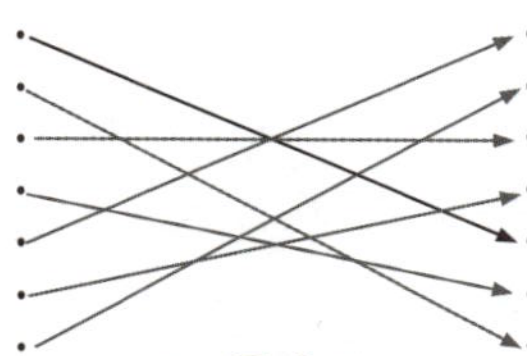

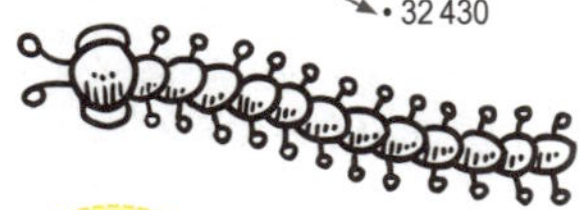

Calcul mental
Attention un peu de tout

Effectue les calculs en écrivant les procédés si nécessaire.

21,4 x 2,5 = **53,5**	264,22 : 10 = **26,422**
3,002 x 10 = **30,02**	334 x 5 = **1 670**
3,9 : 30 = **0,13**	0,18 x 750 = **135**
6,12 x 9 = **55,08**	2,43 x 1 000 = **2 430**
276 x 0,25 = **69**	66 000 : 75 = **880**
670 x 1,5 = **1 005**	7,2 x 250 = **1 800**
3,72 x 50 = **186**	426 : 1 000 = **0,426**
7,8 x 250 = **1 950**	900,4 : 500 = **1,8008**
0,062 x 100 = **6,2**	0,224 x 75 = **16,8**
724 x 90 = **65 160**	4,96 : 0,5 = **9,92**
365,2 x 110 = **40 172**	3,724 x 1 000 = **3 724**
575 : 25 = **23**	92,5 : 0,25 = **370**
1,48 x 200 = **296**	0,84 x 25 = **21**
26 : 0,25 = **104**	96 363 : 3000 = **32,121**
10,2 : 100 = **0,102**	3,2 x 99 = **316,8**
125,5 x 40 = **5 020**	96,6 x 150 = **14 490**
72,5 x 15 = **1 087,5**	136,5 : 5 = **27,3**
22,4 : 50 = **0,448**	63,28 x 11 = **696,08**
825 : 250 = **3,3**	110 700 : 900 = **123**
13,13 x 990 = **12 998,7**	120 : 7,5 = **16**
585,5 x 500 = **292 750**	0,002 x 1 001 = **2,002**
32,64 x 101 = **3 296,64**	25,73 x 999 = **25 704,27**
0,04 x 1,1 = **0,044**	264,2 x 0,75 = **198,15**
230 x 7,5 = **1 725**	888 : 750 = **1,184**

CORRECTIFS

CALCUL MENTAL
ATTENTION UN PEU DE TOUT

1. Calcule mentalement en indiquant chaque résultat.

130		31		43	
+ 37 =	167	+ 24 =	55	+ 45 =	88
- 28 =	102	- 16 =	15	- 13 =	30
+ 47 =	177	x 5 =	155	x 0,1 =	4,3
- 19 =	111	: 2 =	15,5	: 5 =	8,6

24,7		8,1		54	
- 20,9 =	3,8	: 9 =	0,9	: 3 =	18
x 25 =	617,5	x 7 =	56,7	+ 9,75 =	63,75
x 0,01 =	0,247	+ 1,5 =	9,6	- 2,50 =	51,5
: 0,1 =	247	- 3,9 =	4,2	: 5 =	10,8

21		71		3,75	
x 9 =	189	x 9 =	639	+ 1,50 =	5,25
- 13 =	8	: 2 =	35,5	x 11 =	41,25
: 4 =	5,25	- 13 =	58	- 5,75 =	-2
x 1,5 =	31,5	x 0,75 =	53,25	x 0,9 =	3,375

0,8		7		450	
x 11 =	8,8	: 0,1 =	70	: 0,75 =	600
x 5 =	4	: 0,5 =	14	: 25 =	18
x 1,1 =	0,88	: 5 =	1,4	: 5 =	90
+ 11,6 =	12,4	: 0,25 =	28	: 0,01 =	45 000

TECHNIQUE DE CALCUL
LA COMPENSATION DANS L'ADDITION

OBSERVE :

396 + 207 = 400 + 203 = 603
(+ 4) (-4) =

49,85 + 6,25 = 50 + 6,10 = 56,10
(+0,15) (-0,15)

1. Remplace un calcul difficile par un calcul plus simple.
Agis sur les 2 termes.

346 + 598 → -2 / +2 → 344 + 600 = 944

699 + 265 → +1 / -1 → 700 + 264 = 964

6 420 + 2 299 → -1 / +1 → 6 419 + 2 300 = 8 719

1,9 + 2,47 → +0,1 / -0,1 → 2 + 2,37 = 4,37

32,06 + 4,99 → -0,01 / +0,01 → 32,05 + 5 = 37,05

36,999 + 25,426 → +0,001 / -0,001 → 37 + 25,425 = 62,425

2. Effectue.

3 600 + 499 (-1 / +1) = 3 599 + 500 = 4 099
699 + 40 234 (+1 / -1) = 700 + 40 233 = 40 933
2,99 + 3,66 (+0,01 / -0,01) = 3 + 3,65 = 6,65
39 000 + 6 005 (+1 000 / -1 000) = 40 000 + 5 005 = 45 005
100,25 + 7,65 (-0,25 / +0,25) = 100 + 7,90 = 107,9
1,7 + 17,7 (+0,3 / -0,3) = 2 + 17,4 = 19,4

CORRECTIFS

TECHNIQUE DE CALCUL
LA COMPENSATION DANS LA SOUSTRACTION

OBSERVE :

812 - 454 = 808 - 450 = 358
(-4) (-4)

45,1 - 10,9 = 45,2 - 11 = 34,2
(+0,1) (+0,1)

1. Remplace un calcul difficile par un calcul plus simple. Agis sur les 2 termes.

445 - 99 → (+1) 446 - 100 (+1) = 346

2 005 - 1 995 → (+5) 2 010 - 2 000 (+5) = 10

2 072 - 612 → (-2) 2 070 - 610 (-2) = 1 460

17,3 - 9,8 → (+0,2) 17,5 - 10 (+0,2) = 7,5

85,2 - 9,7 → (+0,3) 85,5 - 10 (+0,3) = 75,5

60 - 14,999 → (+0,001) 60,001 - 15 (+0,001) = 45,001

2. Effectue.

4 000 - 1 598 (+2) (+2) = 4 002 - 1 600 = 2 402
41,06 - 4,8 (+0,2) (+0,2) = 41,26 - 5 = 36,26
630 - 26,998 (+0,002) (+0,002) = 630,002 - 27 = 603,002
8,06 - 2,99 (+0,01) (+0,01) = 8,07 - 3 = 5,07
8,89 - 3,07 (-0,07) (-0,07) = 8,82 - 3 = 5,82

3. Coche la ou les opération(s) équivalente(s).

<u>7 427 - 106</u>
= 7 421 - 100 ☒
= 7 433 - 100 ☐
= (7 427 - 100) - 6 ☒

TECHNIQUE DE CALCUL
LA COMPENSATION DANS LA MULTIPLICATION

OBSERVE :

36 x 25 = 9 x 100 = 900
(:4) (x4)

6,5 x 0,3 = 0,65 x 3 = 1,95
(:10) (x10)

1. Remplace un calcul difficile par un calcul plus simple. Agis sur les 2 facteurs.

48 x 5 → (:2) 24 x 10 (x 2) = 240

500 x 7,82 → (:100) 5 x 782 (x 100) = 3 910

36 x 15 → (x 3) 108 x 5 (:3) = 540

1,5 x 24 → (:3) 0,5 x 72 (x 3) = 36

2,5 x 12 → (x 4) 10 x 3 (:4) = 30

3,5 x 12 → (x 6) 21 x 2 (:6) = 42

2. Effectue.

4,5 x 16 (x 2) (:2) = 9 x 8 = 72
0,3 x 1 200 (x 10) (:10) = 3 x 120 = 360
44 x 2,5 (:4) (x 4) = 11 x 10 = 110
0,56 x 125 (:8) (x 8) = 0,07 x 1 000 = 70

3. Combien de pièces dans 1 euro?

<u>1 €</u> =
x 2,5 → 2 pièces de 50 cents → : 2,5
x 2 → 5 pièces de 20 cents → : 2
x 5 → 10 pièces de 10 cents → : 5
x 2 → 50 pièces de 2 cents → : 2
100 pièces de 1 cent

CORRECTIFS

TECHNIQUE DE CALCUL
LA COMPENSATION DANS LA DIVISION

OBSERVE :
175 : 25 = 350 : 50 = 7
(x2) (x2)

1. Remplace un calcul difficile par un calcul plus simple. Agis sur les 2 facteurs.

37 : 5 (x 2) → 74 : 10 = 7,4

275 : 0,5 (x 2) → 550 : 1 = 550

1 350 : 50 (x 2) → 2 700 : 100 = 27

44 : 0,2 (x 10) → 440 : 2 = 220

64 : 0,4 (x 10) → 640 : 4 = 160

20 : 2,5 (x 4) → 80 : 10 = 8

2. Effectue.

43 : 5 (x 2, x 2) = 86 : 10 = 8,6
30 600 : 500 (x 2, x 2) = 61 200 : 1 000 = 61,2
4 800 : 200 (: 100, : 100) = 48 : 2 = 24
6 400 : 800 (: 100, : 100) = 64 : 8 = 8

3. Quels nombres puis-je diviser pour trouver 500?

1 000 : 2 → 500
4 000 : 8 → 500
8 000 : 16 → 500
3 000 : 6 → 500
6 000 : 12 → 500
2 000 : 4 → 500

x 4	1 000 : 2	x 4	= 500
	4 000 : 8		= 500
x 2	8 000 : 16	x 2	= 500
: 4	2 000 : 4	: 4	= 500
x 3	6 000 : 12	x 3	= 500
: 2	3 000 : 6	: 2	= 500

TECHNIQUE DE CALCUL
LA DISTRIBUTIVITÉ DANS L'ADDITION

OBSERVE BIEN LES EXEMPLES :

3 624 + 1 875 = (3 624 + 1 000) + 800 + 70 + 5 = 5 499
(4 624 ; 5 424 ; 5 494)

1 000 + 800 + 70 + 5

2 215,5 + 888,42 = (2 215,5 + 800) + 80 + 8 + 0,4 + 0,02 = 3 103,92
(3 015,5 ; 3 095,5 ; 3 103,5 ; 3 103,9)

800 + 80 + 8 + 0,4 + 0,02

Effectue.

1 974 + 378 = (1 974 + 300) + 70 + 8 = 2 352
(2 274 ; 2 344)

121 340 + 35 098 = (121 340 + 30 000) + 5 000 + 90 + 8 = 156 438
(151 340 ; 156 340 ; 156 430)

22 186 + 987 = (22 186 + 900) + 80 + 7 = 23 173
(23 086 ; 23 166)

73 543 + 306 095 = (73 543 + 300 000) + 6 000 + 90 + 5 = 379 638
(373 543 ; 379 543 ; 379 633)

127,58 + 4,666 = (127,58 + 4) + 0,6 + 0,06 + 0,006 = 132,246
(131,58 ; 132,18 ; 132,24)

0,075 + 1 327,5 = (0,075 + 1 000) + 300 + 20 + 7 + 0,5 = 1 327,575
(1 000,075 ; 1 300,075 ; 1 320,075 ; 1 327,075)

6304,125 + 1987,35 = (6 304,125 + 1 000) + 900 + 80 + 7 + 0,3 + 0,05 = 8 291,475
(7 304,125 ; 8 204,125 ; 8 284,125 ; 8 291,125 ; 8 291,425)

Correctifs

Technique de calcul
La distributivité dans la soustraction

Observe bien les exemples :

2 806 — 1 906 — 1 826
3 806 - 1 987 = (3 806 - 1 000) - 900 - 80 - 7 = 1 819
1 000 + 900 + 80 + 7

4 105,4 — 4 035,4 — 4 031,4 — 4 031,3
4 905,4 - 874,17 = (4 905,4 - 800) - 70 - 4 - 0,1 - 0,07 = 4 031,23
800 + 70 + 4 + 0,1 + 0,07

Effectue.

13 610 — 13 520
14 310 - 798 = ((14 310 - 700) - 90 - 8 = 13 512

776 987 — 776 287 — 776 267
784 987 - 8 726 = ((784 987 - 8 000) - 700 - 20 - 6 = 776 261

383 550 — 379 550 — 379 050 — 378 990
393 550 - 14 568 = ((393 550 - 10 000) - 4 000 - 500 - 60 - 8 = 378 982

92,96
93 - 0,045 = ((93 - 0,04) - 0,005 = 92,955

142 083 — 138 083 — 137 283 — 137 213
192 083 - 54 874 = ((192 083 - 50 000) - 4 000 - 800 - 70 - 4 = 137 209

9 993,5 — 9 992,9
10 000,5 - 7,65 = ((10 000,5 - 7) - 0,6 - 0,05 = 9 992,85

225,485 — 135,485 — 127,485
1 025,485 - 898,5 = ((1 025,485 - 800) - 90 - 8 - 0,5 = 126,985

294 068,9 — 294 068,81
294 069 - 0,195 = ((294 069 - 0,1) - 0,09 - 0,005 = 294 068,805

Technique de calcul
La distributivité dans la multiplication

Observe bien les exemples :

160 — 24
46 x 4 = (40 x 4) + (6 x 4) = 184
40 — 6

2400 — 360 — 30 — 5,4
6 x 465,9 = (6 x 400) + (6 x 60) + (6 x 5) + (6 x 0,9) = 2 795,4
400 + 60 + 5 + 0,9

480 — 18
MAIS AUSSI ⚠ → 77 x 6 = (80 x 6) - (3 x 6) = 462

1. Effectue.

308 x 7	= (300 x 7) + (8 x 7) = 2 156
4 x 5,25	= (4 x 5) + (4 x 0,2) + (4 x 0,05) = 21
3,624 x 7	= (3 x 7) + (0,6 x 7) + (0,02 x 7) + (0,004 x 7) = 25,368
6 x 4 521	= (6 x 4 000) + (6 x 500) + (6 x 20) + (6 x 1) = 27 126
8 x 1 432,7	= (8 x 1000) + (8 x 400) + (8 x 30) + (8 x 2) + (8 x 0,7) = 11 461,6
8 x 3,95	= (8 x 4) - (8 x 0,05) = 31,6
499 x 5	= (500 x 5) - (1 x 5) = 2 495
6 x 5,97	= (6 x 6) - (6 x 0,03) = 35,82
19,85 x 3	= (20 x 3) - (0,15 x 3) = 59,55

2. Réfléchis et coche la bonne réponse.

6 x 20 = 120

Si je multiplie les termes par 2, le produit devient...

2 fois plus grand	☐	4 fois plus grand	☒
4 fois plus petit	☐	Ne change pas	☐

CORRECTIFS

TECHNIQUE DE CALCUL
LA DISTRIBUTIVITÉ DANS LA DIVISION

OBSERVE BIEN LES EXEMPLES :

$78 : 6 = \overset{10}{(60 : 6)} + \overset{3}{(18 : 6)} = 13$ (78 → 60 ; 18)

$441 : 7 = \overset{60}{(420 : 7)} + \overset{3}{(21 : 7)} = 63$ (441 → 420 ; 21)

$5{,}6 : 4 = \overset{1}{(4 : 4)} + \overset{0{,}4}{(1{,}6 : 4)} = 1{,}4$ (5,6 → 4 ; 1,6)

MAIS AUSSI ⚠ → $8{,}12 : 7 = \overset{1{,}2}{(8{,}40 : 7)} - \overset{0{,}04}{(0{,}28 : 7)} = 1{,}16$

Effectue. Choisis le procédé qui convient le mieux.

Tu dois arriver à :

258 : 6 = (............ 43

1 710 : 18 = (............ 95

228 : 12 = (............ 19

2 955 : 15 = (............ 197

Si nécessaire demande à un adulte de vérifier.

29,85 : 5 5,97

195 : 15 = (............ 13

35,2 : 8 = (............ 4,4

TECHNIQUE DE CALCUL
L'ASSOCIATIVITÉ DANS L'ADDITION

OBSERVE BIEN LES EXEMPLES :

$463 + 139 + 237 + 361 = \overset{700}{(463 + 237)} + \overset{500}{(139 + 361)} = 1\,200$

$23{,}6 + 5{,}5 + 4{,}4 = \overset{28}{(23{,}6 + 4{,}4)} + 5{,}5 = 28 + 5{,}5 = 33{,}5$

1. Effectue.

$635 + 87 + 265 = \overset{900}{(635 + 265)} + 87 = 987$

$3\,600 + 2\,600 + 3\,400 = \overset{7\,000}{(3\,600 + 3\,400)} + 2\,600 = 9\,600$

$1\,800 + 624 + 3\,200 = \overset{5\,000}{(1\,800 + 3\,200)} + 624 = 5\,624$

$735 + 48 + 165 + 22 = \overset{900}{(735 + 165)} + \overset{70}{(48 + 22)} = 970$

$396 + 2\,931 + 204 + 69 = \overset{600}{(396 + 204)} + \overset{3\,000}{(2\,931 + 69)} = 3\,600$

$3{,}75 + 8 + 2{,}25 + 2 = \overset{6}{(3{,}75 + 2{,}25)} + \overset{10}{(8 + 2)} = 16$

$77{,}1 + 8{,}5 + 12{,}5 = \overset{21}{(8{,}5 + 12{,}5)} + 77{,}1 = 98{,}1$

$13{,}48 + 3{,}3 + 2{,}52 + 12{,}7 = \overset{16}{(13{,}48 + 2{,}52)} + \overset{16}{(3{,}3 + 12{,}7)} = 32$

$0{,}34 + 0{,}15 + 0{,}36 + 0{,}35 = \overset{0{,}7}{(0{,}34 + 0{,}36)} + \overset{0{,}5}{(0{,}15 + 0{,}35)} = 1{,}2$

$6{,}8 + 3{,}75 + 3{,}25 + 13{,}2 = \overset{20}{(6{,}8 + 13{,}2)} + \overset{7}{(3{,}75 + 3{,}25)} = 27$

2. Quels nombres vas-tu grouper pour résoudre rapidement ces opérations? Coche la bonne réponse.

2,8 + 5,6 + 17,2 =
- = 2,8 et 5,6 ☐
- = 2,8 et 17,2 ☒
- = 5,6 et 17,2 ☐

33,7 + 6,3 + 32,07 =
- = 33,7 et 6,3 ☒
- = 33,7 et 32,07 ☐
- = 6,3 et 32,07 ☐

CORRECTIFS

TECHNIQUE DE CALCUL
L'ASSOCIATIVITÉ DANS LA MULTIPLICATION

OBSERVE BIEN L'EXEMPLE :

$2{,}5 \times 6 \times 4 \times 20 = \overset{10}{(2{,}5 \times 4)} \times \overset{120}{(6 \times 20)} = 1\,200$

1. Effectue

$7 \times 125 \times 5 \times 8 = \overset{1\,000}{(125 \times 8)} \times \overset{35}{(7 \times 5)} = 35\,000$

$15 \times 5 \times 2 \times 8 = \overset{30}{(15 \times 2)} \times \overset{40}{(5 \times 8)} = 1\,200$

$250 \times 8 \times 3 \times 4 = \overset{1\,000}{(250 \times 4)} \times \overset{24}{(8 \times 3)} = 24\,000$

$25 \times 9 \times 5 \times 8 = \overset{200}{(25 \times 8)} \times \overset{45}{(9 \times 5)} = 9\,000$

$50 \times 2 \times 17 \times 4 = \overset{200}{(50 \times 4)} \times \overset{34}{(2 \times 17)} = 6\,800$

$0{,}5 \times 2 \times 3 = \overset{1}{(0{,}5 \times 2)} \times 3 = 3$

$0{,}25 \times 9 \times 8 = \overset{2}{(0{,}25 \times 8)} \times 9 = 18$

$0{,}125 \times 4 \times 6 \times 1 = \overset{0,5}{(0{,}125 \times 4)} \times \overset{6}{(6 \times 1)} = 3$

$1{,}5 \times 7 \times 6 \times 40 = \overset{9}{(1{,}5 \times 6)} \times \overset{280}{(7 \times 40)} = 2\,520$

$2{,}5 \times 7 \times 4 \times 2 = \overset{10}{(2{,}5 \times 4)} \times \overset{14}{(7 \times 2)} = 140$

2. Décompose en un produit de un ou plusieurs facteurs.

OBSERVE BIEN LES EXEMPLES :

$375 \times 16 = 125 \times 3 \times 8 \times 2 = \overset{1000}{(125 \times 8)} \times \overset{6}{(3 \times 2)} = 6000$

$2{,}5 \times 28 = 2{,}5 \times 4 \times 7 = \overset{10}{(2{,}5 \times 4)} \times 7 = 70$

$45 \times 6 = 5 \times 9 \times 2 \times 3 = \overset{10}{(5 \times 2)} \times \overset{27}{(9 \times 3)} = 270$

$250 \times 14 = 50 \times 5 \times 2 \times 7 = \overset{100}{(50 \times 2)} \times \overset{35}{(5 \times 7)} = 3\,500$

$125 \times 32 = 25 \times 5 \times 4 \times 8 = \overset{100}{(25 \times 4)} \times \overset{40}{(5 \times 8)} = 4\,000$

$875 \times 72 = 125 \times 7 \times 8 \times 9 = \overset{1\,000}{(125 \times 8)} \times \overset{63}{(7 \times 9)} = 63\,000$

TECHNIQUE DE CALCUL
L'ASSOCIATIVITÉ OU NON DES 4 OPÉRATIONS

1. Écris les signes +, -, x, : dans les carrés. Sur une même ligne horizontale, tu dois écrire 4 fois le même signe.

a) (420 [+] 20) [+] 15 = 420 [+] (20 [+] 15)
420 [x] (20 [x] 15) = (420 [x] 20) [x] 15
420 [-] (20 [-] 15) ≠ (420 [-] 20) [-] 15
(420 [:] 20) [:] 15 ≠ 420 [:] (20 [:] 15)

b) (830 [+] 22) [+] 6 = 830 [+] (22 [+] 6)
830 [-] (22 [-] 6) ≠ (830 [-] 22) [-] 6
830 [x] (22 [x] 6) = (830 [x] 22) [x] 6
(830 [:] 22) [:] 6 ≠ 830 [:] (22 [:] 6)

2. Vrai ou faux ?

Tu en conclus que...

La division est associative ✘
La multiplication est associative ✔
L'addition est associative ✔
La soustraction est associative ✘

CORRECTIFS

TECHNIQUE DE CALCUL
LE RÔLE DES PARENTHÈSES, CROCHETS ET ACCOLADES

1. Résous.

7 + 4 = 11

700 + 5 = 705

3 500 : 10 = 350

3,65 x 6 = 21,9

40 : 5 = 8

150 - 50 = 100

12 x 3 + 6 = 42

500 : 20 x 10 = 250

9 000 - 4 900 - 600 = 3 500

2. Écris les ( ) afin d'arriver au résultat.

(80 + 20) x 10 = 1 000
(480 : 60) + 30 = 38
(12,5 x 2) x 4 = 100
360 : (12 : 6) = 180
(4,8 + 3,2) : 8 = 1

(2 500 : 5) + (26 - 12) = 514
48 + (6 x 3) + (2 : 1) = 67
(150 : 75) + (25 x 5) = 127
(0,875 + 0,125) x (2 - 1) = 1
(1 000 : 10) x (60 : 4) = 1 500

3. <, =, >.

(180 : 6) : 3 < 180 : (6 : 3)
(5 x 6) x 6 = 5 x (6 x 6)
(80 : 10) : 2 < 80 : (10 : 2)
(12,5 x 4) x 2 = 12,5 x (4 x 2)
(36 : 6) : 3 < 36 : (6 : 3)

(2,5 x 6) x 4 = 2,5 x (6 x 4)
360 x (6 : 6) = (360 x 6) : 6
(0,25 - 0,125) x 2 = 0,25 - (0,125 x 2)
(40 x 30) + (3 x 40) < 40 x (30 + 3 + 40)
(30 x 3) : (0,5 x 10) < 30 x [(3 : 0,5) x 10]

4. Effectue.

[(1 000 : 100) x 5] : 2 = (10 x 5) : 2 = 50 : 2 = 25
(1 000 : 100) x (5 : 2) = 10 x 2,5 = 25
[1 000 : (100 x 5)] : 2 = (1 000 : 500) : 2 = 1
1 000 : [100 x (5 : 2)] = 1 000 : (100 x 2,5) = 4
1 000 : [(100 x 5) : 2] = 1 000 : (500 : 2) = 4
[(8 + 2) x 5] - (6 : 3) = (10 x 5) - 2 = 48
9 + { [(2 x 8) - 6] : 2 } = 9 + ((16-6) : 2) = 14
[(6 + 2) x (8 - 6)] : 4 = (8 x 2) : 4 = 4
{ [6 + (2 x 8)] - 1 } : 3 = ((6 + 16) - 1) : 3 = 7
6 + { 2 x [(15 - 6) : 3] } = 6 + (2 x 3) = 12

5. Relie les calculs et les réponses.

[18 - (3 x 2)] + (12 : 2) → • 18
{ [(18 - 3) x 2] + 4 } : 2 → • 17
{ 18 - [(3 x 2) + 4] } : 2 → • 4
[(18 - 3) x (2 + 4)] : 2 → • 45
18 - { [(3 x 2) + 4] : 2 } → • 13
18 - [(3 x 2) + (4 : 2)] → • 10

6. Complète.

a	b	c	a x (b + c)	(a + b) x c	a x b xc	a x (b - c)
50	10	20	1 500	1 200	10 000	50 x -10 : -500
40	60	6	2 640	600	14 400	2 160
20	100	10	2 200	1 200	20 000	1 800
2	50	1	102	52	100	98
30	60	2	1 860	180	3 600	1 740

CORRECTIFS

LES CARACTÈRES DE DIVISIBILITÉ

1. Complète les règles de divisibilité.

a. Divisibles par 2 : tous les nombres ...pairs...

b. Divisibles par [4] : tous les nombres dont les deux derniers chiffres sont divisibles par 4.

c. Divisibles par [5] : tous les nombres terminés par 0 ou 5.

d. Divisibles par [3] : tous les nombres dont la somme des chiffres est divisible par 3. (ex. 354 → 3 + 5 + 4 = 12)

e. Divisibles par [9] : tous les nombres dont la somme des chiffres est divisible par 9. (ex. 972 → 9 + 7 + 2 = 18)

f. Divisibles par 10 : tous les nombres ..terminés par 0...............................

g. Divisibles par 100 : tous les nombres terminés par 00...........................

h. Divisibles par [25] : tous les nombres dont les deux derniers chiffres sont des multiples de 25.

i. Divisibles par [8] : tous les nombres dont les trois derniers chiffres sont des multiples de 8.

j. Divisibles par 125 : tous les nombres dont les trois derniers chiffres sont des ..multiples de 125..........................

2. Entoure... en vert les nombres divisibles par 2, en bleu les nombres divisibles par 5 et en rouge les nombres divisibles par 10.

6 798 v	66 942 v	88 730 v	315 367	56 375 b
142 988 v	1 623 200 v b r	77 694 v	98 825 b	20 363
248 941	4 060 v b r	36 485 b	56 020 r v b	1 313 621

3. Remplace chaque point par un chiffre pour que le nombre soit divisible.

par 2	par 5	par 10	par 100
160 2	275 0	24 0	75 0 0
2 0 0	3 4 00	6 4 0	3 5 0 0
382 6	2 7 6 5	2 8 4 0	1 8 4 0 0
1 8	3 6 1 0	2 50	3 7 0 0
6 6 3 6	6 3 9 5	1 7 0	5 2 0 0

4. Indique si chacun de ces nombres est divisible par 2, 3, 4, 5 ou 9.

22 092 est divisible par = 2 - 3 - 4

2 916 est divisible par = 2 - 9 - 3 - 4

63 594 est divisible par = 2 - 9 - 3

5. Souligne les nombres qui sont divisibles par 25.

<u>725</u> 55 <u>275</u> <u>6 300</u> 268 5 405 <u>1 550</u> <u>650</u>

6. Réponds par vrai ou faux.

- 69 764 n'est divisible que par 2 — FAUX
- Un nombre divisible par 100, l'est par 4 et 25 — VRAI
- Un nombre divisible par 9 est toujours divisible par 3 — VRAI
- Un nombre divisible par 3 est toujours divisible par 9 — FAUX
- Tous les nombres qui sont divisibles par 10 sont aussi divisibles par 100 — FAUX

CORRECTIFS

7. Complète ces nombres par 2 chiffres pour qu'ils soient divisibles :

par 4 et pas par 100	=	6416
par 25 et pas par 4	=	5075
par 2 mais pas par 5	=	1844
par 3 mais pas par 9	=	59313

8. Détermine le reste sans effectuer la division.

417 : 5 reste	2	2 063 : 9 reste	2
3 223 : 10 reste	3	538 : 2 reste	0
230 : 25 reste	5	1 022 : 3 reste	2
375 : 4 reste	3	13 005 : 25 reste	5
8 341 : 100 reste	41	6 714 : 4 reste	2

9. Souligne les nombres qui sont divisibles par...

2 →	**418**	149	**640**	**1 082**	**16 724**
5 →	823	**545**	**320**	**7 000**	27 632
10 →	**310**	225	**480**	3 675	**56 000**
4 →	**160**	241	4 106	7 282	**25 800**
25 →	**150**	370	**675**	1 843	82 265
100 →	703	**200**	727	**4 600**	38 740
3 →	**354**	**117**	410	**3 009**	29 180
9 →	**972**	334	752	**4 122**	18 004
8 →	**248**	177	378	**2 000**	45 240

Les fractions
La notion de fraction.

1. Lis les fractions suivantes puis dessine les segments qu'elles représentent à l'aide d'une unité de 20 carreaux de long.

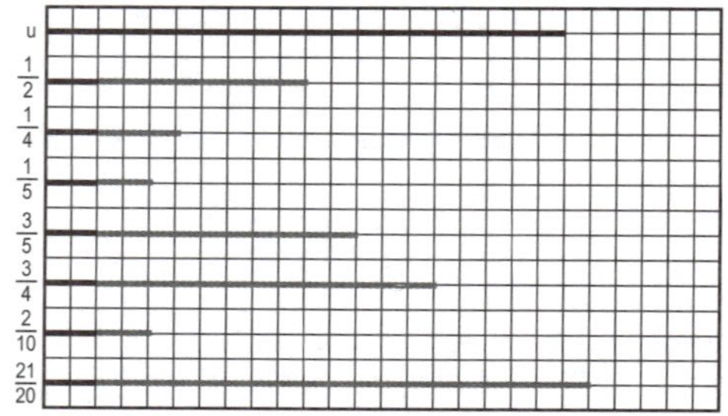

2. Complète.

a) 3 fractions ordinaires : $\frac{1}{4}$, $\frac{1}{8}$, $\frac{2}{6}$

b) 3 fractions égales à l'unité : $\frac{5}{5}$, $\frac{10}{10}$, $\frac{8}{8}$

c) 3 expressions fractionnaires : $\frac{5}{4}$, $\frac{8}{7}$, $\frac{4}{3}$

d) 3 nombres fractionnaires : $2\frac{1}{8}$, $3\frac{1}{4}$, $1\frac{6}{8}$

e) 3 fractions décimales : 0,4 - 0,8 - 0,25

f) 3 pourcentages : 10% - 25% - 30%

g) Écris une fraction où le dénominateur sera 6 : $\frac{4}{6}$

h) Écris une fraction où le numérateur sera 8 : $\frac{8}{9}$

CORRECTIFS

3. Colorie.

a) 4/100 de ce carré en rouge
b) 1/5 de ce carré en bleu
c) 1/10 de ce carré en jaune
d) 6% de ce carré en vert
e) Quelle fraction de ce carré n'a pas été coloriée? $\frac{60}{100} \rightarrow \frac{6}{10}$

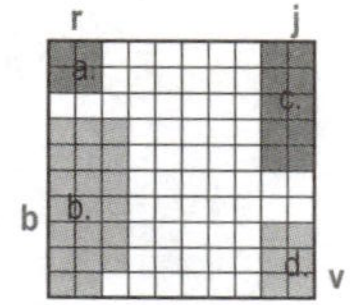

4. Voici les 5/12 d'un rectangle.

Reconstitue ce rectangle

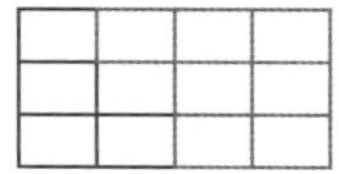

5. Trouve le rapport qui existe entre :

30 secondes et une heure → $\frac{30}{3\,600}$ → $\frac{1}{120}$

10h et un jour → $\frac{10}{24}$ → $\frac{5}{12}$

5€ et 1 000€ → $\frac{5}{1\,000}$ → $\frac{1}{200}$

1 semaine et un an → $\frac{1}{52}$

3 minutes et 1 heure → $\frac{3}{60}$ → $\frac{1}{20}$

un semestre et une année → $\frac{1}{2}$

les rouges et les noires d'un jeu de 52 cartes → $\frac{1}{2}$

l'ensemble des voyelles et l'ensemble des lettres → $\frac{6}{26} = \frac{3}{13}$

LES FRACTIONS D'UN NOMBRE

OBSERVE :

$\frac{1}{4}$ **de 32 = 32 : 4 = 8** $\frac{3}{4}$ **de 32 = (32 : 4) x 3 = 24**

1. Effectue.

$\frac{7}{8}$ de 56 = $(\overset{7}{56 : 8}) \times 7 = 49$
$\frac{3}{5}$ de 500 = $(\overset{100}{500 : 5}) \times 3 = 300$
$\frac{4}{9}$ de 8 100 = $(\overset{900}{8\,100 : 9}) \times 4 = 3\,600$
$\frac{6}{7}$ de 630 = $(\overset{90}{630 : 7}) \times 6 = 540$
$\frac{8}{9}$ de 630 = $(\overset{70}{630 : 9}) \times 8 = 560$

$\frac{9}{7}$ de 490 = $(\overset{70}{490 : 7}) \times 9 = 630$
$\frac{2}{6}$ de 3 600 = $(\overset{600}{3\,600 : 6}) \times 2 = 1\,200$
$\frac{1}{5}$ de 205 = $(\overset{41}{205 : 5}) \times 1 = 41$
$\frac{3}{4}$ de 420 = $(\overset{105}{420 : 4}) \times 3 = 315$
$\frac{1}{9}$ de 108 = $(\overset{12}{108 : 9}) \times 1 = 12$

2. Complète.

$4 = \frac{1}{4}$ de 16
$6 = \frac{1}{5}$ de 30
$15 = \frac{3}{4}$ de 20
$16 = \frac{2}{3}$ de 24

$20 = \frac{4}{5}$ de 25
$72 = \frac{8}{8}$ de 72
$12 = \frac{4}{7}$ de 21
$25 = \frac{1}{3}$ de 75

$1\,500 = \frac{5}{12}$ de 3 600
$360 = \frac{6}{7}$ de 420
$150 = \frac{1}{4}$ de 600
$160 = \frac{2}{8}$ de 640

3. Complète. La réponse doit être une fraction irréductible.

$9 = \frac{1}{3}$ de 27
$24 = \frac{1}{2}$ de 48

$12 = \frac{3}{2}$ de 8
$15 = \frac{3}{4}$ de 20

$72 = \frac{4}{5}$ de 90
$42 = \frac{1}{1}$ de 42

CORRECTIFS

LES FRACTIONS
Les fractions ordinaires, expressions fractionnaires et nombres fractionnaires

OBSERVE :

fraction ordinaire $\frac{1}{4}$ nombre fractionnaire $1\frac{1}{4}$

expression fractionnaire $\frac{5}{4}$

1. Transforme les expressions fractionnaires en nombres fractionnaires.

$\frac{34}{7} = \frac{28}{7} + \frac{6}{7} = 4\frac{6}{7}$

$\frac{9}{4} = \frac{8}{4} + \frac{1}{4} = 2\frac{1}{4}$

$\frac{21}{6} = \frac{18}{6} + \frac{1}{2} = 3\frac{1}{2}$

$\frac{54}{32} = \frac{32}{32} + \frac{22}{32} = 1\frac{22}{32}$ ou $1\frac{11}{16}$

$\frac{13}{2} = 6\frac{1}{2}$

$\frac{7}{3} = 2\frac{1}{3}$

$\frac{28}{9} = 3\frac{1}{9}$

$\frac{48}{5} = 9\frac{3}{5}$

2. Transforme les nombres fractionnaires en expressions fractionnaires.

$3\frac{2}{5} = (3 \times \frac{5}{5}) + \frac{2}{5} = \frac{15}{5} + \frac{2}{5} = \frac{17}{5}$

$5\frac{1}{6} = \frac{30}{6} + \frac{1}{6} = \frac{31}{6}$

$12\frac{2}{3} = \frac{36}{3} + \frac{2}{3} = \frac{38}{3}$

$6\frac{2}{4} = \frac{24}{4} + \frac{2}{4} = \frac{26}{4}$

$5\frac{2}{9} = \frac{45}{9} + \frac{2}{9} = \frac{47}{9}$

$7\frac{3}{8} = \frac{56}{8} + \frac{3}{8} = \frac{59}{8}$

3. Trouve la fraction égale à l'unité.

$\frac{8}{4} = 2$ | $\frac{40}{5} = 8$ | $\frac{120}{6} = 20$

$\frac{34}{2} = 17$ | $\frac{24}{8} = 3$ | $\frac{32}{8} = 4$

4. Complète.

$2 = \frac{12}{6}$ | $6 = \frac{18}{3}$

$60 = \frac{180}{3}$ | $25 = \frac{100}{4}$

LES FRACTIONS
Les fractions équivalentes

$\frac{1}{4} = \frac{2}{8} = \frac{4}{16} = \frac{12}{48}$ (x 2, x 2, x 3)

1. Trouve 2 fractions équivalentes.

a) en multipliant :

$\frac{2}{3} \rightarrow \frac{4}{6} \rightarrow \frac{12}{18}$

$\frac{3}{4} \rightarrow \frac{6}{8} \rightarrow \frac{18}{24}$

$\frac{4}{10} \rightarrow \frac{8}{20} \rightarrow \frac{24}{60}$

b) en divisant :

$\frac{40}{60} \rightarrow \frac{4}{6} \rightarrow \frac{2}{3}$

$\frac{32}{64} \rightarrow \frac{16}{32} \rightarrow \frac{1}{2}$

$\frac{9}{18} \rightarrow \frac{3}{6} \rightarrow \frac{1}{2}$

2. Complète le numérateur ou le dénominateur pour que les fractions soient équivalentes.

$\frac{2}{10} = \frac{12}{60}$ | $\frac{6}{20} = \frac{30}{100}$ | $\frac{5}{24} = \frac{15}{72}$ | $\frac{6}{21} = \frac{18}{63}$

$\frac{5}{15} = \frac{1}{3}$ | $\frac{54}{36} = \frac{9}{6}$ | $\frac{12}{24} = \frac{36}{72}$ | $\frac{12}{15} = \frac{8}{10}$

3. Relie les fractions équivalentes.

$\frac{60}{72}$ $\frac{54}{72}$ $\frac{45}{72}$ $\frac{42}{56}$ $\frac{48}{64}$ $\frac{40}{64}$ $\frac{56}{64}$ $\frac{42}{48}$ $\frac{40}{48}$ $\frac{36}{48}$

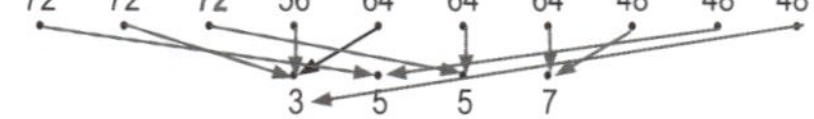

$\frac{3}{4}$ $\frac{5}{6}$ $\frac{5}{8}$ $\frac{7}{8}$

4. Barre la fraction qui n'est pas équivalente aux autres.

$\frac{7}{10} = \frac{14}{20} = \frac{21}{30} = $ ~~$\frac{26}{40}$~~ | $\frac{4}{100} = \frac{1}{25} = $ ~~$\frac{5}{75}$~~ $= \frac{2}{50}$ | $\frac{3}{5} = $ ~~$\frac{15}{18}$~~ $= \frac{6}{10} = \frac{30}{50}$

CORRECTIFS

LES FRACTIONS
SIMPLIFIER DES FRACTIONS.

$\frac{9:3}{18:3} = \frac{3:3}{6:3} = \frac{1}{2} \longrightarrow$ fraction irréductible

1. Simplifie les fractions suivantes en plusieurs étapes jusqu'à les rendre irréductibles.

$\frac{75}{100} = \frac{3}{4}$

$\frac{30}{36} = \frac{15}{18} = \frac{5}{6}$

$\frac{18}{90} = \frac{9}{45} = \frac{1}{5}$

$\frac{14}{42} = \frac{7}{21} = \frac{1}{3}$

$\frac{26}{54} = \frac{13}{27}$

$\frac{28}{98} = \frac{14}{49} = \frac{2}{7}$

$\frac{16}{64} = \frac{8}{32} = \frac{4}{16} = \frac{1}{4}$

$\frac{40}{120} = \frac{4}{12} = \frac{2}{6} = \frac{1}{3}$

$\frac{28}{35} = \frac{4}{5}$

$\frac{84}{100} = \frac{42}{50} = \frac{21}{25}$

$\frac{420}{210} = \frac{42}{21} = 2$

$\frac{192}{144} = \frac{96}{72} = \frac{48}{36} = \frac{12}{9} = \frac{4}{3}$

2. Simplifie les fractions suivantes en divisant le numérateur et le dénominateur par un nombre le plus grand possible en une seule fois.

$\frac{7}{21} = \frac{1}{3}$

$\frac{50}{100} = \frac{1}{2}$

$\frac{16}{8} = 2$

$\frac{45}{60} = \frac{3}{4}$

$\frac{48}{64} = \frac{3}{4}$

$\frac{27}{63} = \frac{3}{7}$

$\frac{15}{35} = \frac{3}{7}$

$\frac{21}{49} = \frac{3}{7}$

$\frac{180}{60} = 3$

$\frac{120}{144} = \frac{5}{6}$

LES FRACTIONS
COMPARER DES FRACTIONS

1. Utilise les signes >, < ou =. Emploie la droite graduée pour t'aider.

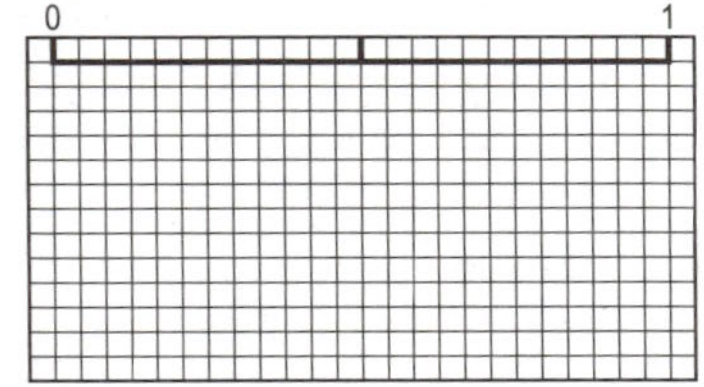

$\frac{1}{2} > \frac{1}{3}$ | $\frac{3}{8} < \frac{2}{3}$ | $\frac{1}{3} < \frac{5}{12}$ | $\frac{1}{2} > \frac{9}{24}$

$\frac{1}{4} = \frac{3}{12}$ | $\frac{5}{6} > \frac{2}{3}$ | $\frac{5}{6} = \frac{10}{12}$ | $\frac{10}{12} > \frac{3}{4}$

2. Trouve un dénominateur commun pour :

$\frac{1}{3}$ et $\frac{1}{6} \longrightarrow \frac{2}{6}$ et $\frac{1}{6}$

$\frac{6}{8}$ et $\frac{3}{2} \longrightarrow \frac{3}{4}$ et $\frac{6}{4}$

$\frac{4}{6}$ et $\frac{2}{12} \longrightarrow \frac{8}{12}$ et $\frac{2}{12}$

$\frac{8}{12}$ et $\frac{4}{3} \longrightarrow \frac{8}{12}$ et $\frac{16}{12}$

$\frac{5}{7}$ et $\frac{4}{11} \longrightarrow \frac{55}{77}$ et $\frac{28}{77}$

$\frac{5}{6}$ et $\frac{2}{8} \longrightarrow \frac{20}{24}$ et $\frac{6}{24}$

3. Compare les 2 fractions (<, =, >) après les avoir réduites au même dénominateur :

$\frac{2}{11}$ et $\frac{3}{4} \longrightarrow$ $\frac{8}{44}$ < $\frac{33}{44}$

$\frac{4}{4}$ et $\frac{3}{10} \longrightarrow$ $\frac{20}{20}$ > $\frac{6}{20}$

$\frac{8}{20}$ et $\frac{3}{8} \longrightarrow$ $\frac{16}{40}$ > $\frac{15}{40}$

$\frac{5}{8}$ et $\frac{2}{5} \longrightarrow$ $\frac{25}{40}$ > $\frac{16}{40}$

$\frac{4}{10}$ et $\frac{5}{7} \longrightarrow$ $\frac{28}{70}$ < $\frac{50}{70}$

$\frac{6}{10}$ et $\frac{32}{100} \longrightarrow$ $\frac{60}{100}$ > $\frac{32}{100}$

CORRECTIFS

LES FRACTIONS
RÉDUCTION AU MÊME DÉNOMINATEUR
LE P.P.C.M. (LE PLUS PETIT COMMUN MULTIPLE)

1. Imite. Compare chaque fois les 2 fractions.

$\frac{1}{2}$ et $\frac{2}{5}$

a) multiples de 2 : 0, 2, 4, 6, 8, **10**...
multiples de 5 : 0, 5, **10**, 15...
10 est le p.p.c.m.

b) réduction au même dénominateur
$\frac{1}{2} = \frac{5}{\mathbf{10}}$ $\frac{2}{5} = \frac{4}{\mathbf{10}}$

c) Comparaison : $\frac{1}{2} > \frac{2}{5}$

$\frac{2}{8}$ et $\frac{7}{9}$

a) multiples de 8 : 0,8,16,24,64,72...
multiples de 9 : 0,9,18,27,36,45,54,63,72...
72 est le p.p.c.m.

b) réduction au même dénominateur
$\frac{2}{8} = \frac{18}{72}$ $\frac{7}{9} = \frac{56}{72}$

c) Comparaison : $\frac{2}{8} < \frac{7}{9}$

$\frac{9}{10}$ et $\frac{2}{3}$

a) multiples de 10 : 0, 10, 20, 30, 40...
multiples de 3 : 0,3,6,9,12,15,18,21,24,27,30...
30 est le p.p.c.m.

b) réduction au même dénominateur
$\frac{9}{10} = \frac{27}{30}$ $\frac{2}{3} = \frac{20}{30}$

c) Comparaison : $\frac{9}{10} > \frac{2}{3}$

$\frac{4}{9}$ et $\frac{3}{5}$

a) multiples de 9 : 0,9,18,27,36,45,54...
multiples de 05 : 0,5,10,15,...,35,40,45,50
45 est le p.p.c.m.

b) réduction au même dénominateur
$\frac{4}{9} = \frac{20}{45}$ $\frac{3}{5} = \frac{27}{45}$

c) Comparaison : $\frac{4}{9} < \frac{3}{5}$

$\frac{1}{8}$ et $\frac{1}{6}$

a) multiples de 8 : 0,8,16,24,32,40,48,56...
multiples de 6 : 0,6,12,18,24,30...
24 est le p.p.c.m.

b) réduction au même dénominateur
$\frac{1}{8} = \frac{3}{24}$ $\frac{1}{6} = \frac{4}{24}$

c) Comparaison : $\frac{1}{8} < \frac{1}{6}$

$\frac{2}{12}$ et $\frac{4}{10}$

a) multiples de 12 : 0,12,24,36,48,60,72...
multiples de 10 : 0,10,20,30,40,50,60,70...
60 est le p.p.c.m.

b) réduction au même dénominateur
$\frac{2}{12} = \frac{10}{60}$ $\frac{4}{10} = \frac{24}{60}$

c) Comparaison : $\frac{2}{12} < \frac{4}{10}$

2. <, =, >. Mets la réponse de suite.

$\frac{1}{2} > \frac{3}{8}$	$\frac{2}{4} < \frac{6}{8}$	$\frac{2}{7} < \frac{8}{14}$	$\frac{2}{7} < \frac{3}{8}$
$\frac{2}{5} > \frac{3}{10}$	$\frac{1}{3} > \frac{1}{5}$	$\frac{8}{10} < \frac{14}{11}$	$\frac{3}{6} < \frac{4}{7}$
$\frac{3}{5} < \frac{2}{3}$	$\frac{4}{20} > \frac{8}{50}$	$\frac{5}{12} < \frac{4}{8}$	$\frac{2}{3} > \frac{1}{9}$

3. Classe les fractions en ordre croissant.

$\frac{6}{8}$ $\frac{3}{8}$ $\frac{1}{8}$ $\frac{5}{8}$ $\frac{7}{8}$ $\frac{9}{8}$ → $\frac{1}{8}$ $\frac{3}{8}$ $\frac{5}{8}$ $\frac{6}{8}$ $\frac{7}{8}$ $\frac{9}{8}$

$\frac{1}{6}$ $\frac{1}{4}$ $\frac{1}{8}$ $\frac{2}{48}$ $\frac{1}{2}$ $\frac{3}{4}$ → $\frac{2}{48}$ $\frac{1}{8}$ $\frac{1}{6}$ $\frac{1}{4}$ $\frac{1}{2}$ $\frac{3}{4}$

4. Classe les fractions en ordre décroissant.

$\frac{4}{9}$ $\frac{6}{9}$ $\frac{8}{9}$ $\frac{2}{9}$ $\frac{3}{9}$ $\frac{5}{9}$ → $\frac{8}{9}$ $\frac{6}{9}$ $\frac{5}{9}$ $\frac{4}{9}$ $\frac{3}{9}$ $\frac{2}{9}$

$\frac{1}{6}$ $\frac{1}{12}$ $\frac{1}{36}$ $\frac{1}{13}$ $\frac{1}{1}$ $\frac{1}{18}$ → $\frac{1}{1}$ $\frac{1}{3}$ $\frac{1}{6}$ $\frac{1}{12}$ $\frac{1}{18}$ $\frac{1}{36}$

Correctifs

Les fractions
Additionner des fractions

1. Effectue les opérations puis simplifie les réponses.

$\frac{3}{8} + \frac{4}{8} = \frac{7}{8}$

$\frac{3}{5} + \frac{1}{5} = \frac{4}{5}$

$\frac{4}{12} + \frac{1}{12} = \frac{5}{12}$

$\frac{3}{15} + \frac{6}{15} = \frac{9}{15} = \frac{3}{5}$

$\frac{3}{4} + \frac{12}{4} = \frac{15}{4} = 3\frac{3}{4}$

$\frac{7}{18} + \frac{1}{9} = \frac{7}{18} + \frac{2}{18} = \frac{9}{18} = \frac{1}{2}$

$\frac{4}{12} + \frac{3}{6} = \frac{4}{12} + \frac{6}{12} = \frac{10}{12} = \frac{5}{6}$

$3 + \frac{10}{20} = \frac{60}{20} + \frac{10}{20} = \frac{70}{20} = \frac{7}{2} = 3\frac{1}{2}$

$\frac{4}{7} + \frac{3}{9} = \frac{36}{63} + \frac{21}{63} = \frac{57}{63}$

$\frac{3}{21} + \frac{8}{7} = \frac{3}{21} + \frac{24}{21} = \frac{27}{21} = \frac{9}{7} = 1\frac{2}{7}$

$\frac{1}{2} + \frac{5}{6} = \frac{6}{12} + \frac{10}{12} = \frac{16}{12} = \frac{4}{3} = 1\frac{1}{3}$

$\frac{1}{4} + \frac{3}{12} = \frac{3}{12} + \frac{3}{12} = \frac{6}{12} = \frac{1}{2}$

$\frac{7}{8} + \frac{5}{7} = \frac{49}{56} + \frac{40}{56} = \frac{89}{56} = 1\frac{33}{56}$

$\frac{2}{5} + \frac{2}{4} = \frac{8}{20} + \frac{10}{20} = \frac{18}{20} = \frac{9}{10}$

$\frac{4}{7} + \frac{1}{2} = \frac{8}{14} + \frac{7}{14} = \frac{15}{14} = 1\frac{1}{14}$

$8\frac{6}{9} + 2\frac{1}{9} = \frac{78}{9} + \frac{19}{9} = \frac{97}{9} = 10\frac{7}{9}$

$3\frac{2}{5} + 4\frac{3}{5} = \frac{17}{5} + \frac{23}{5} = \frac{40}{5} = 8$

$4\frac{4}{9} + 12\frac{7}{8} = \frac{320}{72} + \frac{927}{72} = \frac{1247}{72} = 17\frac{23}{72}$

$8\frac{2}{7} + 6\frac{2}{3} = \frac{174}{21} + \frac{140}{21} = \frac{314}{21} = 14\frac{20}{21}$

2. Que manque-t-il pour faire 1?

$\frac{1}{8} + \frac{1}{12} + \frac{1}{4} + \frac{1}{6} + \frac{3}{8} = 1$

Les fractions
Soustraire des fractions

1. Effectue les opérations puis simplifie les réponses.

$\frac{9}{10} - \frac{6}{10} = \frac{3}{10}$

$\frac{35}{100} - \frac{12}{100} = \frac{23}{100}$

$\frac{9}{4} - \frac{3}{4} = \frac{6}{4} = \frac{3}{2} = 1\frac{1}{2}$

$\frac{15}{20} - \frac{5}{20} = \frac{10}{20} = \frac{1}{2}$

$\frac{12}{15} - \frac{9}{15} = \frac{3}{15} = \frac{1}{5}$

$\frac{4}{5} - \frac{3}{10} = \frac{5}{10} = \frac{1}{2}$

$1 - \frac{3}{7} = \frac{7}{7} - \frac{3}{7} = \frac{4}{7}$

$4 - \frac{5}{10} = \frac{40}{10} - \frac{5}{10} = \frac{35}{10} = \frac{7}{2} = 3\frac{1}{2}$

$\frac{4}{10} - \frac{25}{100} = \frac{40}{100} - \frac{25}{100} = \frac{15}{100} = \frac{3}{20}$

$\frac{1}{2} - \frac{2}{5} = \frac{5}{10} - \frac{4}{10} = \frac{1}{10}$

$\frac{3}{5} - \frac{1}{3} = \frac{9}{15} - \frac{5}{15} = \frac{4}{15}$

$\frac{18}{25} - \frac{1}{4} = \frac{72}{100} - \frac{25}{100} = \frac{47}{100}$

$\frac{7}{8} - \frac{5}{7} = \frac{49}{56} - \frac{40}{56} = \frac{9}{56}$

$3\frac{5}{8} - \frac{3}{8} = \frac{29}{8} - \frac{3}{8} = \frac{26}{8} = 3\frac{2}{8} = 3\frac{1}{4}$

$2\frac{5}{6} - 1\frac{1}{6} = \frac{17}{6} - \frac{7}{6} = \frac{10}{6} = 1\frac{4}{6} = 1\frac{2}{3}$

$4\frac{5}{6} - 3\frac{4}{6} = \frac{29}{6} - \frac{22}{6} = \frac{7}{6} = 1\frac{1}{6}$

$5 - 1\frac{2}{5} = \frac{25}{5} - \frac{7}{5} = \frac{18}{5} = 3\frac{3}{5}$

$3 - 2\frac{2}{6} = \frac{18}{6} - \frac{14}{6} = \frac{4}{6} = \frac{2}{3}$

$3\frac{2}{7} - 1\frac{5}{6} = \frac{138}{42} - \frac{77}{42} = \frac{61}{42} = 1\frac{19}{42}$

$18\frac{3}{11} - 9\frac{4}{5} = \frac{1005}{55} - \frac{539}{55} = \frac{466}{55} = 8\frac{26}{55}$

2. Que manque-t-il pour faire 1?

$\frac{10}{6} - \frac{1}{3} - \frac{1}{9} - \frac{2}{9} = 1$

Les fractions
Multiplier un nombre par une fraction

Observe :

a) $\frac{6}{9} \times 3 = \frac{18}{9} = 2$ u b) $\frac{6}{9} \times 3 = \frac{6}{3} = 2$ u

a) procédé <u>toujours</u> possible b) procédé <u>parfois</u> possible

1. Effectue les opérations suivantes en utilisant le premier procédé (a). Simplifie si c'est possible :

$3 \times \frac{2}{7} = \frac{6}{7}$

$4 \times \frac{2}{9} = \frac{8}{9}$

$\frac{4}{6} \times 5 = \frac{20}{6} = \frac{10}{3} = 3\frac{1}{3}$

$6 \times \frac{4}{15} = \frac{24}{15} = \frac{8}{5} = 1\frac{3}{5}$

$\frac{3}{4} \times 2 = \frac{6}{4} = \frac{3}{2} = 1\frac{1}{2}$

$\frac{5}{8} \times 3 = \frac{15}{8} = 1\frac{7}{8}$

$5 \times \frac{2}{10} = \frac{10}{10} = 1$

$7 \times \frac{1}{13} = \frac{7}{13}$

$2 \times \frac{1}{3} = \frac{2}{3}$

$\frac{2}{5} \times 7 = \frac{14}{5} = 2\frac{4}{5}$

$4 \times 1\frac{2}{3} = 4 \times \frac{5}{3} = \frac{20}{3} = 6\frac{2}{3}$

$1\frac{1}{9} \times 2 = \frac{10}{9} \times 2 = \frac{20}{9} = 2\frac{2}{9}$

$4 \times 2\frac{5}{20} = 4 \times \frac{45}{20} = \frac{180}{20} = 9$

$3\frac{4}{6} \times 3 = \frac{22}{6} \times 3 = \frac{66}{6} = 11$

2. Effectue les opérations suivantes en utilisant les 2 procédés si c'est possible. N'oublie pas de simplifier :

$\frac{2}{3} \times 6 = \frac{12}{3} = 4$ ou $\frac{2}{1} \times 2 = 4$

$\frac{12}{15} \times 5 = \frac{60}{15} = 4$ ou $\frac{12}{3} = 4$

$3 \times \frac{9}{18} = \frac{27}{18} = \frac{3}{2} = 1\frac{1}{2}$ ou $\frac{9}{6} = 1\frac{1}{2}$

$8 \times \frac{7}{15} = \frac{56}{15} = 3\frac{11}{15}$ ou ✗

$\frac{7}{90} \times 7 = \frac{49}{90}$ ou ✗

$\frac{5}{6} \times 3 = \frac{15}{6} = 2\frac{1}{2}$ ou $\frac{5}{2} = 2\frac{1}{2}$

$1\frac{1}{9} \times 18 = \frac{10}{9} \times 18 = \frac{180}{9} = 20$ ou $\frac{10}{9} \times 18 = (18 : 9) \times 10 = 20$

$3 \times \frac{6}{10} = \frac{18}{10} = \frac{9}{5} = 1\frac{4}{5}$ ou ✗

Les fractions
Multiplier une fraction par une fraction

Observe :

$\frac{1}{2} \times \frac{1}{4} = \frac{1 \times 1}{2 \times 4} = \frac{1}{8}$ la $\frac{1}{2}$ de $\frac{1}{4} = \frac{1 \times 1}{2 \times 4} = \frac{1}{8}$

1. Effectue les opérations suivantes. Simplifie si c'est possible.

$\frac{1}{4} \times \frac{1}{2} = \frac{1}{8}$

$\frac{3}{9} \times \frac{2}{4} = \frac{6}{36} = \frac{1}{6}$

les $\frac{5}{7}$ de $\frac{1}{2} = \frac{5}{14}$

les $\frac{3}{4}$ de $\frac{5}{6} = \frac{15}{24} = \frac{5}{8}$

$\frac{1}{4} \times \frac{1}{4} = \frac{1}{16}$

les $\frac{13}{48}$ de $\frac{2}{4} = \frac{26}{192} = \frac{13}{96}$

$\frac{4}{25} \times \frac{1}{3} = \frac{4}{75}$

les $\frac{3}{4}$ de $\frac{4}{3} = \frac{12}{12} = 1$

les $\frac{3}{2}$ de $\frac{1}{8} = \frac{3}{16}$

$\frac{4}{5} \times \frac{1}{20} = \frac{4}{100} = \frac{1}{25}$

$\frac{1}{6} \times \frac{4}{10} = \frac{4}{60} = \frac{1}{15}$

les $\frac{3}{10}$ de $\frac{9}{3} = \frac{27}{30} = \frac{9}{10}$

$\frac{4}{12} \times \frac{21}{12} = \frac{84}{144} = \frac{21}{36} = \frac{7}{12}$

$\frac{2}{3} \times \frac{2}{7} = \frac{4}{21}$

$\frac{7}{8} \times \frac{1}{6} = \frac{7}{48}$

les $\frac{7}{12}$ de $\frac{8}{5} = \frac{56}{60} = \frac{28}{30} = \frac{14}{15}$

2. Effectue. Sois attentif aux signes.

$3 \times (\frac{1}{5} + \frac{1}{3}) = 3 \times \left(\frac{3}{15} + \frac{5}{15}\right) = 3 \times \frac{8}{15} = \frac{24}{15} = 1\frac{9}{15} = 1\frac{3}{5}$

$4 - (\frac{3}{8} + \frac{2}{4}) = 4 - \frac{7}{8} = \frac{32}{8} - \frac{7}{8} = \frac{25}{8} = 3\frac{1}{8}$

$(2 \times \frac{4}{5}) + (3 \times \frac{2}{3}) = \frac{8}{5} + \frac{6}{3} = \frac{24}{15} + \frac{30}{15} = \frac{54}{15} = 3\frac{9}{15} = 3\frac{3}{5}$

$(4 \times \frac{1}{3}) + (\frac{1}{4} \times 3) = \frac{4}{3} + \frac{3}{4} = \frac{16}{12} + \frac{9}{12} = \frac{25}{12} = 2\frac{1}{12}$

$(\frac{2}{5} \times 6) + (4 \times \frac{1}{2}) = \frac{12}{5} + \frac{4}{2} = \frac{24}{10} + \frac{20}{10} = \frac{44}{10} = 4\frac{4}{10} = 4\frac{2}{5}$

Correctifs

CORRECTIFS

3. Corrige la réponse si elle est fausse.

$\frac{15}{42} \times \frac{2}{3} = \frac{5}{21}$ ✓

$\frac{16}{27} \times \frac{3}{8} =$ ~~$\frac{1}{3}$~~ $\frac{2}{9}$

$\frac{54}{33} \times \frac{11}{12} = \frac{9}{6}$ ✓

$\frac{4}{54} \times \frac{27}{84} = \frac{1}{42}$ ✓

$\frac{12}{45} \times \frac{15}{48} =$ ~~$\frac{2}{12}$~~ $\frac{1}{12}$

$\frac{12}{21} \times \frac{7}{21} =$ ~~$\frac{1}{6}$~~ $\frac{4}{21}$

$\frac{18}{21} \times \frac{7}{9} =$ ~~$\frac{2}{4}$~~ $\frac{2}{3}$

$\frac{7}{8} \times \frac{6}{9} =$ ~~$\frac{43}{36}$~~ $\frac{7}{12}$

4. En appliquant les caractères de divisibilité, simplifie au maximum.

$\frac{\overset{1}{\cancel{\overset{6}{\cancel{42}}}}}{\underset{1}{\cancel{\underset{5}{\cancel{45}}}}} \times \frac{\overset{1}{\cancel{\overset{4}{\cancel{36}}}}}{\underset{4}{\cancel{28}}} \times \frac{\overset{15}{\cancel{75}}}{\underset{5}{\cancel{\underset{20}{\cancel{120}}}}} = \frac{15}{20} = \frac{3}{4}$

$\frac{42}{14} \times \frac{36}{12} \times \frac{1}{3} = 3$

$\frac{120}{24} \times \frac{9}{40} \times \frac{1}{3} = \frac{3}{8}$

$\frac{3}{5} \times \frac{55}{70} \times \frac{14}{30} = \frac{11}{50}$

$\frac{14}{26} \times \frac{130}{135} \times \frac{45}{75} = \frac{14}{45}$

$\frac{120}{130} \times \frac{26}{108} \times \frac{18}{24} = \frac{1}{6}$

$\frac{93}{104} \times \frac{17}{31} \times \frac{52}{68} = \frac{3}{8}$

$\frac{6}{14} \times \frac{7}{12} \times \frac{5}{26} = \frac{5}{104}$

$\frac{13}{48} \times \frac{28}{26} \times \frac{96}{42} = \frac{2}{3}$

$\frac{24}{75} \times \frac{25}{48} \times \frac{81}{27} = \frac{1}{2}$

$\frac{1}{24} \times \frac{54}{2} \times \frac{12}{81} \times \frac{72}{27} = \frac{4}{9}$

LES FRACTIONS
DIVISER UNE FRACTION PAR UN NOMBRE ENTIER

OBSERVE :

$\frac{24}{56} : 2 = \frac{12}{56} = \frac{3}{14}$ ou $\frac{23}{13} : 2 = \frac{23}{13 \times 2} = \frac{23}{26}$

1. Choisis si tu agis sur le numérateur ou sur le dénominateur.

$\frac{1}{7} : 9 = \frac{1}{7 \times 9} = \frac{1}{63}$

$\frac{16}{18} : 4 = \frac{4}{18} = \frac{2}{9}$

$\frac{3}{9} : 4 = \frac{3}{9 \times 4} = \frac{3}{36} = \frac{1}{12}$

$\frac{12}{15} : 6 = \frac{2}{15}$

$\frac{3}{4} : 3 = \frac{1}{4}$

$\frac{16}{25} : 8 = \frac{2}{25}$

2. Effectue les opérations suivantes. Simplifie si c'est possible.

$\frac{26}{36} : 2 = \frac{13}{36}$

$\frac{30}{54} : 10 = \frac{3}{54} = \frac{1}{18}$

$\frac{7}{2} : 15 = \frac{7}{30}$

$\frac{8}{9} : 4 = \frac{2}{9}$

$\frac{29}{36} : 5 = \frac{29}{180}$

$\frac{53}{11} : 4 = \frac{53}{44} = 1\frac{9}{44}$

$\frac{40}{23} : 3 = \frac{40}{69}$

$\frac{24}{36} : 12 = \frac{2}{36} = \frac{1}{18}$

$\frac{31}{64} : 5 = \frac{31}{320}$

$\frac{1}{2} : 7 = \frac{1}{14}$

$\frac{11}{15} : 3 = \frac{11}{45}$

$\frac{17}{20} : 6 = \frac{17}{120}$

$\frac{32}{80} : 16 = \frac{2}{80} = \frac{1}{40}$

$\frac{18}{24} : 6 = \frac{3}{24} = \frac{5}{8}$

CORRECTIFS

LES FRACTIONS
LES FRACTIONS DÉCIMALES

1. Écris la fraction décimale des nombres suivants .

$0{,}1 = \frac{1}{10}$	$0{,}06 = \frac{6}{100}$	$3{,}1 = 3\ \frac{1}{10}$
$0{,}4 = \frac{4}{10}$	$0{,}121 = \frac{121}{1\,000}$	$10{,}48 = 10\ \frac{48}{100}$
$0{,}40 = \frac{4}{10}$	$0{,}75 = \frac{75}{100}$	$8{,}001 = 8\ \frac{1}{1\,000}$
$0{,}55 = \frac{55}{100}$	$0{,}015 = \frac{15}{1\,000}$	$6{,}304 = 6\ \frac{304}{1\,000}$

2. Écris le nombre correspondant à la fraction décimale .

$\frac{1}{10} = 0{,}1$	$\frac{1\,240}{1\,000} = 1{,}240$	$2\ \frac{4}{10} = 2{,}4$
$\frac{36}{100} = 0{,}36$	$\frac{5}{1\,000} = 0{,}005$	$5\ \frac{5}{10} = 5{,}5$
$\frac{62}{10} = 6{,}2$	$\frac{75}{100} = 0{,}75$	$\frac{365}{100} = 3{,}65$
$\frac{1}{100} = 0{,}01$	$\frac{874}{100} = 8{,}74$	$6\ \frac{3}{5} = 6{,}6$

3. Complète les égalités .

$\frac{17}{100} = 0{,}17$	$\frac{350}{100} = 3{,}5$	$\frac{24}{10} = 2{,}4$
$\frac{6}{1\,000} = 0{,}006$	$\frac{608}{1\,000} = 0{,}608$	$\frac{175}{100} = 1{,}75$
$\frac{8}{100} = 0{,}08$	$\frac{10}{100} = 0{,}1$	$\frac{358}{10} = 35{,}8$

4. Écris une fraction équivalente en $\frac{....}{10}$ $\frac{....}{100}$ $\frac{....}{1000}$. Écris le nombre décimal correspondant.

$\frac{5}{25} = \frac{20}{100} = 0,\ 2$ (x 4)	$\frac{12}{50} = \frac{24}{100} = 0{,}24$	$\frac{1}{8} = \frac{125}{1\,000} = 0{,}125$
$\frac{1}{2} = \frac{50}{100} = 0,\ 5$ (x 50)	$\frac{15}{20} = \frac{75}{100} = 0{,}75$	$\frac{5}{8} = \frac{625}{1\,000} = 0{,}625$
$\frac{3}{4} = \frac{75}{100} = 0,\ 75$ (x 25)	$\frac{2}{5} = \frac{4}{10} = 0,\ 4$	$\frac{125}{100} = 1{,}25$

5. Écris la fraction décimale puis simplifie.

$0{,}25 = \frac{25}{100} = \frac{5}{20} = \frac{1}{4}$	$1{,}25 = \frac{125}{100} = \frac{25}{20} = \frac{5}{4}$
$0{,}125 = \frac{125}{1\,000} = \frac{1}{8}$	$1{,}5 = \frac{15}{10} = \frac{3}{2} = 1\frac{1}{2}$
$0{,}6 = \frac{6}{10} = \frac{3}{5}$	$0{,}875 = \frac{875}{1\,000} = \frac{7}{8}$

6. Relie.

$\frac{80}{10}$ → 8	$\frac{15}{20}$ → 0,75
$\frac{8}{10}$ → 0,8	$\frac{5}{25}$ → 0,2
$\frac{8}{1\,000}$ → 0,008	$\frac{3}{5}$ → 0,6
$\frac{8}{100}$ → 0,08	$\frac{100}{125}$ → 0,8

CORRECTIFS

LES FRACTIONS
PROBLÈMES SUR LES FRACTIONS.

1. Un potager occupe les trois dixièmes de mon jardin. Les trois dixièmes du potager sont plantés de salades. Quelle proportion de mon jardin occupent les plants de salades ?

La proportion est : $\frac{3}{10}$ **de** $\frac{3}{10}$ $= (\frac{3}{10} : 10) \times 3 = \frac{9}{100}$

Les plants de salades occupent $\frac{9}{100}$ **du jardin.**

2. Tom a 100 cartes de joueurs de basket dans sa collection. Les $\frac{3}{10}$ jouent pour Liège, les $\frac{2}{25}$ jouent pour Pépinster et les $\frac{2}{5}$ pour Charleroi. Tous les autres joueurs appartiennent au Club d'Ostende

a) Combien Tom a-t-il de cartes de joueurs d' Ostende ? **22**

b) De quelle équipe Tom a-t-il le plus de cartes ? **Charleroi**

c) De quelle équipe Tom a-t-il le moins de cartes ? **Pépinster**

3. Ilyass et Ismail jouent aux billes. Ilyass perd les $\frac{2}{3}$ de ses billes puis il en regagne $\frac{1}{4}$ de ce qu'il avait au départ. Après la troisième partie, il en reperd encore $\frac{1}{6}$.

Quelle part lui reste-t-il maintenant ? $\frac{5}{12}$

Il reste : $\frac{3}{3} - \frac{2}{3} = \frac{1}{3} + \frac{1}{4} = \frac{4}{12} + \frac{3}{12} = \frac{7}{12} - \frac{1}{6} = \frac{7}{12} - \frac{2}{12} = \frac{5}{12}$

LES FRACTIONS
LE POURCENTAGE

1. Colorie.

a) 4% de ce carré en rouge
b) 10% de ce carré en bleu
c) 26% de ce carré en vert
d) 16% de ce carré en jaune

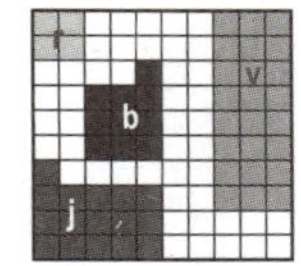

2. Calcule rapidement les pourcentages suivants.

7% de 3 500 = **245**	93% de 7 000 = **6 510**
25% de 1750 = **437,5**	7,5% de 50 = **3,75**
32% de 20 000 = **6 400**	10% de 81,8 = **8,18**
41% de 420 = **172,2**	140% de 31,5 = **44,1**
53% de 800 = **424**	105% de 20,4 = **21,42**

3. Complète.

$\frac{1}{2}$ = **50 %**	$\frac{1}{5}$ = **20 %**	$\frac{4}{5}$ = **80 %**	$\frac{1}{8}$ = **12,5 %**
$\frac{1}{4}$ = **25 %**	$\frac{3}{4}$ = **75 %**	$\frac{7}{10}$ = **70 %**	$\frac{4}{20}$ = **20 %**

4. Complète.

75 % = $\frac{3}{4}$	2,5 % = $\frac{1}{40}$	4 % = $\frac{1}{25}$	80 % = $\frac{4}{5}$
10 % = $\frac{1}{10}$	50 % = $\frac{1}{2}$	15 % = $\frac{15}{100}$	2 % = $\frac{2}{100}$

5. Augmente chaque quantité de 5%.

15 l → **15,75 l**	125 g → **131,25 g**	840 cm → **882 cm**
35 € → **36,75 €**	460 m → **483 m**	32,5 dl → **34,125 dl**

CORRECTIFS

CALCULS ÉCRITS

1. Écris le nom des termes

1 4 3 , 1 6	→ 1er terme
6 2 , 6	→ 2e terme
5 , 1 3 4	→ 3e terme
+ 3 7 9 0	→ 4e terme
4 0 0 0 , 8 9 4	→ la somme ou le total

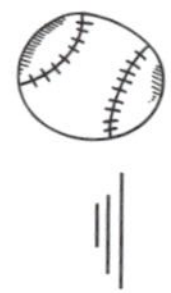

7 3 4 8 0 3 , 7 4 0	→ grand nombre
- 6 2 5 7 4 , 8 0 9	→ petit nombre
6 7 2 2 2 8 , 9 3 1	→ la différence

1 4 2 4	→ le multiplicande
x 1 7	→ le multiplicateur
9 9 6 8	→ 1er produit partiel
+ 1 4 2 4 .	→ 2e produit partiel
2 4 2 0 8	→ produit total

le dividende

1905,9	26	→ le diviseur
- 182	73,3	→ le quotient
85		
- 78		
79		
- 78		→ le reste
0,1		

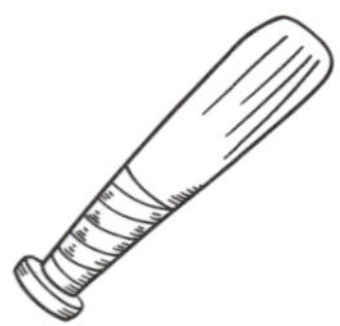

CALCULS ÉCRITS
L'ADDITION

1. Estime le résultat de ces additions.
Effectue l'opération. Compare ta réponse avec ton estimation.

Estimation :	Estimation :	Estimation : ....
1 2 7 2 3 + 1 9 8 4 1 4 7 0 7	6 0 8 9 3 2 4 + 1 0 9 6 5 2 2	3 9 0 4 2 7 + 2 9 2 6 8 3 5 3 3 1 7 2 6 2
Estimation :	Estimation :	Estimation : ....
6 0 8 7 9 7 6 3 + 9 5 4 3 0 1 1 1 2 8 0	8 7 3 6 5 4 2 3 7 + 1 2 0 7 0 0 2 1 2 3 0 2	1 3 6 6 2 5 4 7 9 8 9 7 + 7 4 8 3 6 2 4 0 0 5
Estimation :	Estimation :	Estimation : ....
4, 3 7 + 1 8, 9 8 2 3, 3 5	7 3, 6 9 4 + 2 7, 4 8 1 0 1, 1 7 4	2 3, 6 5 + 3 1 0, 8 1 2 3 3 4, 4 6 2
Estimation :	Estimation :	Estimation : ....
1 5 2, 3 1 4 2, 5 0 4 + 1 0, 8 2 0 5, 6 1 4	4 5, 8 3 4 0 6, 8 3 4 + 5 7, 1 5 0 9, 7 6 4	9 6 3, 7 2 2 7, 9 1 2, 0 5 + 0, 4 3 9 1 0 0 4, 1 0 9

Correctifs

**2. Dispose en calculs écrits et résous.
Effectue la preuve. Attention à l'alignement des chiffres.**

Ex : 3496,2 + 16,891 + 0,03 =

```
  3 4 9 6,2             Preuve :         0,0 3
      1 6,8 9 1                       1 6,8 9 1
+       0,0 3                   + 3 4 9 6,2
  3 5 1 3,1 2 1   ------>         3 5 1 3,1 2 1
```

236 354 + 81 063 + 1 943 =

```
  2 3 6 3 5 4       Preuve :        1 9 4 3
    8 1 0 6 3                     8 1 0 6 3
+     1 9 4 3               + 2 3 6 3 5 4
  3 1 9 3 6 0                 3 1 9 3 6 0
```

131 605 + 68 274 + 3 690 =

```
  1 3 1 6 0 5       Preuve :        3 6 9 0
    6 8 2 7 4                     6 8 2 7 4
+     3 6 9 0               + 1 3 1 6 0 5
  2 0 3 5 6 9                 2 0 3 5 6 9
```

137,31 + 25,104 + 13,8 =

```
  1 3 7,3 1         Preuve :      1 3,8
    2 5,1 0 4                     2 5,1 0 4
+   1 3,8                     + 1 3 7,3 1
  1 7 6,2 1 4                   1 7 6,2 1 4
```

24,038 + 674,2 + 21,73 =

```
    2 4,0 3 8       Preuve :      2 1,7 3
  6 7 4,2                       6 7 4,2
+   2 1,7 3                   +   2 4,0 3 8
  7 1 9,9 6 8                   7 1 9,9 6 8
```

422,906 + 13 724 + 5,72 =

```
    4 2 2,9 0 6     Preuve :            5,7 2
  1 3 7 2 4                     1 3 7 2 4,
+         5,7 2               +   4 2 2,9 0 6
  1 4 1 5 2,6 2 6               1 4 1 5 2,6 2 6
```

1 327 672 + 9,048 =

```
  1 3 2 7 6 7 2
+           9,0 4 8
  1 3 2 7 6 8 1,0 4 8
```

Preuve :

```
              9,0 4 8
+ 1 3 2 7 6 7 2
  1 3 2 7 6 8 1,0 4 8
```

58,83 + 308,945 + 26,1 =

```
    5 8,8 3         Preuve :     2 6,1
  3 0 8,9 5 4                  3 0 8,9 4 5
+   2 6,1                    +   5 8,8 3
  3 9 3,8 7 5                  3 9 3,8 7 5
```

0,72 + 0,048 + 3,6 =

```
  0,7 2             Preuve :   3,6
  0,0 4 8                      0,0 4 8
+ 3,6                        + 0,7 2
  4,3 6 8                      4 3 6 8
```


3. Complète les additions :

```
    9 2 3           9 5         8 4 1
+   3 8 6       +   8 3     +   5 4 3
  1 3 0 9         1 7 8       1 3 8 4
```

```
                                        4 5 1 3
    8 5 4 3         1 2 3 4 5             7 8 0
+   9 4 7 0     +   9 8 7 6 6         +   3 8 9
  1 8 0 1 3       1 1 1 1 1 1           5 6 8 2
```

```
    2 3 4 3 9
    3 4 8 1 7         3 6,7 1 3         5 6,9 2
+   9 4 3 2 1     + 1 2 8,3 2       +   7,0 2 7
  1 5 2 5 7 7       1 6 5,0 3 3         6 3,9 4 7
```

```
    3 4 7,8         2 5 6,0 9           4 5 7,8 1
    9 4 3,1           1 6,2 6 5         3 7 5,1 1
+     8 3,1     +     7 3           +   9 4 6,2 1
  1 3 7 4,0         3 4 5,3 5 5       1 7 7 9,1 3
```

4. Voici 10 additions. Écris directement la réponse des additions que tu peux effectuer rapidement. Pour les autres calculs, utilise le calcul écrit au verso de la page.

332 + 20 + 1,6 = **353,6**

302,6 + 81,4 + 0,697 = **384,697**

6,2 + 0,8 + 0,04 = **7,04**

5189 + 701 + 6,99 = **5 896,99**

18,3 + 0,018 + 0,7 = **19,018**

49,1 + 635,47 + 60,95 = **745,52**

238 + 62 + 0,65 = **300,65**

718,6 + 83,9 + 1 309,64 = **2 112,14**

8 125 + 0,012 + 675 = **8 800,012**

632,03 + 0,075 + 64,96 = **697,065**

CORRECTIFS

CALCULS ÉCRITS
LA SOUSTRACTION

1. Estime le résultat de ces soustractions. Effectue l'opération. Compare ta réponse avec ton estimation.

Estimation : ....
7 3 9 8
- 2 4 6 9
4 9 2 9

Estimation : ....
3 0 0 4
- 1 7 2 9
1 2 7 5

Estimation : ....
3 8 4 0 1
- 2 2 3 4 1
1 6 0 6 0

Estimation : ....
4 9 6 4 3 2
- 7 8 9 8 5
4 1 7 4 4 7

Estimation : ....
3 2 0 0 0
- 7 6 9 4
2 4 3 0 6

Estimation : ....
2 0 5 6 7 0
- 8 9 7 4 8
1 1 5 9 2 2

Estimation : ....
1 4 3 , 6
- 8 , 2 9
6 , 0 7

Estimation : ....
5 3 6 , 0 4
- 9 , 7 3 4
4 3 , 8 7 0

Estimation : ....
6 3 7 , 1 2
- 0 , 4 3 8
6 3 6 , 6 8 2

Estimation : ....
4 2 7
- 1 8 , 9 5
4 0 8 , 0 5

Estimation : ....
3 2 4 6 7 2 , 4
- 9 8 9 8 5 , 3 2 1
2 2 5 6 8 7 , 0 7 9

Estimation : ....
1 3 0 4 , 0 0 7
- 1 9 8 , 3 7 9
1 1 0 5 , 6 2 8

Estimation : ....
4 8 7 2 4 , 7 3
- 2 4 8 9 7 , 9 5
2 3 8 2 6 , 7 8

2. Dispose en calculs écrits et résous. Effectue la preuve. Attention à l'alignement des chiffres.

Ex : 126,3 - 18,207 =
1 2 6 , 3
- 1 8 , 2 0 7
1 0 8 , 0 9 3

Preuve :
1 0 8 , 0 9 3
+ 1 8 , 2 0 7
1 2 6 , 3 0 0

180 673 - 98 728 =
1 8 0 6 7 3
- 9 8 7 2 8
8 1 9 4 5

Preuve :
8 1 9 4 5
+ 9 8 7 2 8
1 8 0 6 7 3

406 117 - 58 036 =
4 0 6 1 1 7
- 5 8 0 3 6
3 4 8 0 8 1

Preuve :
3 4 8 0 8 1
+ 5 8 0 3 6
4 0 6 1 1 7

12 000 - 834 =
1 2 0 0 0
- 8 3 4
1 1 1 6 6

Preuve :
1 1 1 6 6
+ 8 3 4
1 2 0 0 0

804 200,09 - 770 847 =
8 0 4 2 0 0 , 0 9
- 7 7 0 8 4 7
3 3 3 5 3 , 0 9

Preuve :
3 3 3 5 3 , 0 9
+ 7 7 0 8 4 7
8 0 4 2 0 0 , 0 9

428 796 - 13,07 =
4 2 8 7 9 6
- 1 3 , 0 7
4 2 8 7 8 2 , 9 3

Preuve :
4 2 8 7 8 2 , 9 3
+ 1 3 , 0 7
4 2 8 7 9 6

784 003 - 289,564 =
7 8 4 0 0 3
- 2 8 9 , 5 6 4
7 8 3 7 1 3 , 4 3 6

Preuve :
7 8 3 7 1 3 , 4 3 6
+ 2 8 9 , 5 6 4
7 8 4 0 0 3

136,41 - 26,308 =
1 3 6 , 4 1
- 2 6 , 3 0 8
1 1 0 , 1 0 2

Preuve :
1 1 0 , 1 0 2
+ 2 6 , 3 0 8
1 3 6 , 4 1

700,4 - 6,089 =
7 0 0 , 4
- 6 , 0 8 9
6 9 4 , 3 1 1

Preuve :
6 9 4 , 3 1 1
+ 6 , 0 8 9
7 0 0 , 4

100 000 - 5,321 =
1 0 0 0 0 0
- 5 , 3 2 1
9 9 9 9 4 , 6 7 9

Preuve :
9 9 9 9 4 , 6 7 9
+ 5 , 3 2 1
1 0 0 0 0 0

30,08 - 0,139 =
3 0 , 0 8
- 0 , 1 3 9
2 9 , 9 4 1

Preuve :
2 9 , 9 4 1
+ 0 , 1 3 9
3 0 , 0 8

CORRECTIFS

3. Complète les soustractions.

2 7 2 4 − 1 4 6 = 2 5 7 8	3 5 8 7 − 2 1 1 2 = 1 4 7 5	8 8 5 2 − 5 4 2 4 = 3 4 2 8

5 2 7 8 − 2 7 8 1 = 2 4 9 7	5 9 1 4 6 − 1 1 4 2 4 = 4 7 7 2 2
3 4 5 1,7 0 − 6 3 7,0 5 = 2 8 1 4,6 5	1 1 1 0,1 1 − 7 2 7,3 8 = 3 8 2,7 3
4 5 3 4 5 − 3 4 9 8 7 = 1 0 3 5 8	9 4 7,8 9 − 8 1 8,1 0 = 1 2 9,7 9
2 7 4 0,7 0 − 3 7 2,4 5 = 2 3 6 8,2 5	6 7,3 2 1 − 4,5 7 = 6 2,7 5 1

4. Voici 10 soustractions. Écris directement la réponse des soustractions que tu peux effectuer rapidement. Pour les autres calculs, utilise le calcul écrit au verso de la page.

12,5 - 7,2 =	5,3	508,81 - 79,428 =	429,382
186796 - 0,125 =	186795,875	410,7 - 370,805 =	39,895
52,73 - 16,9 =	35,83	20000 - 15,574 =	19984,426
263,675 - 9,828 =	253,847	7,035 - 5,806 =	1,229
36 - 18,792 =	17,208	85 - 0,375 =	84,625

CALCULS ÉCRITS
LA MULTIPLICATION

A. Les nombres entiers.

Estime le résultat de ces multiplications. Effectue l'opération. Compare ta réponse avec ton estimation.

Estimation : .... 2 6 0 × 9 = 2 340	Estimation : .... 7 4 6 × 8 = 5 968	Estimation : .... 6 9 4 × 3 = 2 082
Estimation : .... 3 2 4 0 × 5 = 16 200	Estimation : .... 6 7 2 3 × 8 = 53 784	Estimation : .... 8 1 6 5 6 × 4 = 326 624
Estimation : .... 2 6 × 1 7 = 442	Estimation : .... 7 7 × 1 2 = 924	Estimation : .... 4 7 0 × 2 9 = 13 630
Estimation : .... 1 6 0 9 × 3 7 = 59 533	Estimation : .... 2 0 8 9 5 × 8 3 = 1 734 285	Estimation : .... 3 6 0 7 8 × 5 4 = 1 948 212

CORRECTIFS

CALCULS ÉCRITS
UN OU PLUSIEURS ZÉROS AU MULTIPLICATEUR

Dispose en calculs écrits et résous. Effectue la preuve par l'opération inverse. Attention à l'alignement des chiffres.

Ex :

```
      8 6
  x   3 0
      0 0   = 86 x 0
  2 5 8 0   = 86 x 3 x 10
  2 5 8 0
```

```
        3 1 2 4
  x       1 0 5
      1 5 6 2 0
    3 1 2 4 0 .
    3 2 8 0 2 0
```

Preuve :

```
  3 2 8 0 2 0 | 105
 -3 1 5       |-----
    1 3 0     | 3124
   -1 0 5
      2 5 2
     -2 1 0
        4 2 0
       -4 2 0
          R = 0
```

75 x 60 =

```
    75
  x 60
  4500
```

Preuve :

```
  4 5 0 Ø | 6Ø
 -4 2     |----
    3 0   | 75
   -3 0
    r = 0
```

38 x 70 =

```
     38
  x  70
  2 660
```

Preuve :

```
  2 6 6 Ø | 7Ø
 -2 1     |----
    5 6   | 38
   -5 6
    r = 0
```

93 x 700 =

```
      93
  x  700
  65 100
```

Preuve :

```
  6 5 1 Ø Ø | 7ØØ
 -6 3       |-----
    2 1     | 93
   -2 1
    r = 0
```

638 x 400 =

```
      638
  x   400
  255 200
```

Preuve :

```
  2 5 5 2 Ø Ø | 4ØØ
 -2 4         |-----
    1 5       | 638
   -1 2
      3 2
     -3 2
     r = 0
```

907 x 800 =

```
      907
  x   800
  725 600
```

Preuve :

```
  7 2 5 6 Ø Ø | 8ØØ
 -7 2         |-----
    0 5 6     | 907
     -5 6
     r = 0
```

24 600 x 240 =

```
       24 600
  x       240
  5 904 000
```

Preuve :

```
  5 9 0 4 0 0 Ø | 24Ø
 -4 8           |-------
  1 1 0         | 24600
   -9 6
    1 4 4
   -1 4 4
     r = 0
```

2312 x 309 =

```
      2 312
  x     309
     20 808
  + 693 60 .
    714 408
```

Preuve :

```
  7 1 4 4 0 8 | 309
 -6 1 8       |-----
    9 6 4     | 2312
   -9 2 7
      3 7 0
     -3 0 9
        6 1 8
       -6 1 8
        r = 0
```

4846 x 603 =

```
        4 846
  x       603
       14 538
  + 2 907 60 .
    2 922 138
```

Preuve :

```
  2 9 2 2 1 3 8 | 603
 -2 4 1 2       |-----
    5 1 0 1     | 4846
   -4 8 2 4
      2 7 7 3
     -2 4 1 2
        3 6 1 8
       -3 6 1 8
         r = 0
```


CALCULS ÉCRITS
LA PREUVE PAR 9

Dispose en calculs écrits et résous. Utilise la preuve par 9.

Ex :

```
      4 8 3
  x     7 4
    1 9 3 2
  + 3 3 8 1
    3 5 7 4 2
```

4 + 8 + 3 = 15 → 15 : 9 = 1R = 6

7 + 4 = 11 → 11 : 9 = 1R = 2

6 x 2 = 12 → 12 : 9 = 1R = 3

3 + 5 + 7 + 4 + 2 = 21 → 21 : 9 = 2R 3

Croix : haut 6, gauche 3, droite 3, bas 2

7 907 x 5 = 39 535 — croix : 5 / 7 / 7 / 5

363 211 x 8 = 2 905 688 — croix : 7 / 2 / 2 / 8

13 314 x 40 = 532 560 — croix : 3 / 3 / 3 / 4

758 x 408 = 309 264 — croix : 2 / 6 / 6 / 3

42 090 x 3160 = 133 004 400 — croix : 6 / 6 / 6 / 1

4 635 x 509 = 2 359 215 — croix : 0 / 0 / 0 / 5

125 766 x 634 = 79 735 644 — croix : 0 / 0 / 0 / 4

126 324 x 267 = 33 728 508 — croix : 0 / 0 / 0 / 6

CORRECTIFS

CALCULS ÉCRITS
LES NOMBRES DÉCIMAUX

1. Estime le résultat de ces multiplications. Effectue l'opération et compare ta réponse avec ton estimation :

Ex :

```
      4 6,8  } Deux chiffres à
 x      3,4  } droite de la virgule
   1 8 7 2
+1 4 0 4 .
 1 5 9,1 2   } Deux chiffres à droite de la virgule
```

Estimation : ....

```
   4,8 7
 x     6
  29,22
```

Estimation :	Estimation :	Estimation : ....
5 9,8 7 x 9 = 538,83	6 9,2 x 8 = 553,6	1 2 6 7 6,4 x 3 = 38 029,2
1 3 6 4,1 2 5 x 5 = 6 820,625	1 8 x 4 2,8 = 770,4	2 6 3 x 9,6 = 2 524,8
2 6,2 1 9 x 8 3 = 2 176,177	1 5 3 2 8 x 0,5 = 7 664	1 6 2 4,8 x 4 6 = 74 740,8
0,0 6 5 x 4 9 = 3,185	1 3 6 2 4 x 1 2,4 = 168 937,6	6,3 0 9 x 9 2 = 580,428

2. Dispose en calculs écrits et résous. Comme preuve, utilise la preuve par 9 :

Calcul	Preuve par 9 (haut / gauche / droite / bas)	Calcul	Preuve par 9 (haut / gauche / droite / bas)
0,472 x 9 = 4,248	4 / 0 / 0 / 0	6,8 x 70 = 476	5 / 8 / 8 / 7
136,924 x 50 = 6 846,2	7 / 8 / 8 / 5	3607 x 10,8 = 38 955,6	7 / 0 / 0 / 0
621,84 x 200 = 124 368	3 / 6 / 6 / 2	239 x 0,05 = 11,95	5 / 7 / 7 / 5
12 643 x 0,75 = 9 482,25	7 / 3 / 3 / 3	0,045 x 209 = 9,405	0 / 0 / 0 / 2
47 070,12 x 1002 = 47 164 260,24	3 / 0 / 0 / 3	1358 x 0,008 = 10,864	8 / 1 / 1 / 8

CORRECTIFS

3. Écris ton estimation. Dispose correctement les chiffres des nombres. Résous et effectue la preuve que tu désires :

Estimation : ....
132,3 x 1,2 = Preuve :

```
  132,3
x   1,2
 158,76
```

Estimation : ....
3026,2 x 4,12 = Preuve :

```
   3 026,2
x     4,12
12 467,944
```

Estimation : ....
4,31 x 6,4 = Preuve :

```
  4,31
x  6,4
27,584
```

Estimation : ....
59,6 x 0,03 = Preuve :

```
 59,6
x 0,03
1,788
```

Estimation : ....
0,65 x 0,006 = Preuve :

```
  0,65
x 0,006
0,0039
```

Estimation : ....
0,05 x 12,7 = Preuve :

```
 0,05
x 12,7
0,635
```

Estimation : ....
289,07 x 30,42 = Preuve :

```
   289,07
x   30,42
8 793,5094
```

Estimation : ....
49,483 x 863,42 = Preuve :

```
     49,483
x    863,42
42 724,61186
```

4. Écris ton estimation. Dispose correctement les chiffres des nombres. Résous et fais la preuve que tu désires :

Estimation : ....
907 x 800 = Preuve :

```
    907
x   800
725 600
```

Estimation : ....
4 238 x 60 = Preuve :

```
  4 238
x    60
254 280
```

Estimation : ....
70,83 x 48 = Preuve :

```
   70,83
x     48
3 399,84
```

Estimation : ....
6 327 x 0,874 = Preuve :

```
    6 327
x   0,874
5 529,798
```

Estimation : ....
3 607,4 x 0,75 = Preuve :

```
 3 607,4
x   0,75
2 705,55
```

Estimation : ....
443,35 x 18,13 = Preuve :

```
   443,35
x   18,13
8 037,9355
```

Estimation : ....
9,708 x 9005 = Preuve :

```
    9,708
x   9 005
87 420,54
```

Estimation : ....
72 879 x 0,8009 = Preuve :

```
    72 879
x   0,8009
58 368,7911
```

5. Complète les multiplications :

```
   2 3 4 5
x        6
 1 4 0 7 0
```

```
     2 5
x    3 1
     2 5
+  7 5 .
   7 7 5
```

```
          9 4 5
x         3 0 6
        5 6 7 0
+   2 8 3 5 0
    2 8 9 1 7 0
            ,
```

CORRECTIFS

La division

1. Estime le résultat de ces divisions. Effectue l'opération. Compare ta réponse avec ton estimation.

Estimation : ....

```
 47215 | 7
- 42   |6745
   52
 - 49
    31
   -28
     35
   - 35
    r = 0
```

Estimation : ....

```
 12768 | 56
-112   | 228
  156
 -112
   448
  -448
   r = 0
```

Estimation : ....

```
 1264 | 4
-12   | 316
  06
 - 4
   24
  -24
  r = 0
```

Estimation : ....

```
 19168 | 8
-16    | 2396
  31
 -24
   76
  -72
    48
   -48
   r = 0
```

Estimation : ....

```
 39506 | 4
-36    | 9876
  35
 -32
   30
  -28
    26
   -24
   r = 2
```

Estimation : ....

```
 26903 | 9
-18    | 2989
  89
 -81
   80
  -72
    83
   -81
   r = 2
```

Estimation : ....

```
 61205 | 7
-56    | 8743
  52
 -49
   30
  -28
    25
   -21
   r = 4
```

Estimation : ....

```
 776223 | 999
-6993   | 777
  7692
 -6993
   6993
  -6993
   r = 0
```

Estimation : ....

```
 317184 | 672
-2688   | 472
  4838
 -4704
   1344
  -1344
   r = 0
```


Cas particuliers

Le ou les zéros non utilisés du dividende sont reportés à la droite du quotient.

Observe :

```
 1 6 1 0 0 0 | 46
-1 3 8       | 3500
   2 3 0
 - 2 3 0
   R = 0
```

1. Estime le résultat de ces divisions. Effectue l'opération et compare ta réponse avec ton estimation :

Estimation : ....

```
 1920 | 6
-18   | 320
  12
 -12
 r = 0
```

Estimation : ....

```
 19500 | 6
-18    | 3250
  15
 -12
   30
  -30
  r = 0
```

Estimation : ....

```
20 400 | 85
       | 240
```

Estimation : ....

```
586 800 | 815
        | 720
```

Estimation : ....

```
630 000 | 225
        | 2800
```

Estimation : ....

```
72 800 | 208
       | 350
```

CORRECTIFS

CAS PARTICULIERS

L'ÉCRITURE DU QUOTIENT COMPORTE UN OU DES ZÉROS.

OBSERVE :

```
 6 5 9 2 | 32
-6 4     |-----
   1 9 2 | 206
  -1 9 2
  R=   0
```

1. Estime le résultat de ces divisions. Effectue l'opération et compare ta réponse avec ton estimation :

Estimation : ....

```
 7675 | 25
-75   |----
   175| 307
  -175
  r=0
```

Estimation : ....

```
26 585 | 65
       |----
       | 409
```

Estimation : ....

```
129 215 | 43
        |-----
        | 3005
```

Estimation : ....

```
4 118 482 | 197
          |------
          | 20906
```

Estimation : ....

```
26 854 270 | 134
           |-------
           | 200405
```

Estimation : ....

```
7 856 522 | 261
          |--------
          | 30101,6
```


CAS PARTICULIERS

LE DIVIDENDE EST SUPÉRIEUR AU DIVISEUR.

OBSERVE :

```
 2 3 4 9 0 0 | 324
-2 2 6 8     |-----
     8 1 0   | 725
    -6 2 8
     1 6 2 0
    -1 6 2 0
         R= 0
```

OBSERVE :

```
 7 2 8,0 0 | 71
-7 1       |------
   1 8 0   | 10,25
  -1 4 2
     3 8 0
    -3 5 5
       2 5
R=0,2 5
```

1. Résous ces divisions à 0,1 près.

```
 856,0 | 7
-7     |------
 15    | 122,2
-14
  16
 -14
   20
  -14
r=0,6
```

```
 247,0 | 26
-234   |-----
  130  | 9,5
 -130
  r=0
```

```
 40980 | 16
-32    |------
  89   | 256,1
 -80
   98
  -96
    20
   -16
r=0,4
```

2. Résous ces divisions à 0,01 près.

```
 295,00 | 31
-279    |-----
  160   | 9,51
 -155
    50
   -31
r=0,19
```

```
 864,00 | 37
-74     |------
 124    | 23,35
-111
  130
 -111
   190
  -185
r=0,05
```

```
 1128,00 | 375
-1125    |------
    3000 | 30,08
   -3000
     r=0
```

3. Résous ces divisions à 0,001 près.

```
 408,000 | 26
-26      |-------
 148     | 15,692
-130
  180
 -156
   240
  -234
     60
    -52
r=0,008
```

```
 3225,000 | 7
-28       |--------
  42      | 460,714
 -42
   050
   -49
     10
     -7
      30
     -28
r=0,002
```

```
 8346,000 | 9
-81       |--------
  24      | 927,333
 -18
   66
  -63
    30
   -27
     30
    -27
      30
     -27
r=0,003
```

CORRECTIFS

CAS PARTICULIERS

LE DIVIDENDE EST INFÉRIEUR AU DIVISEUR.

OBSERVE :

```
1 8 |45          1 8 0 |45
    |0,    →     1 8 0 |0,4
                     0 |
```

1. Dispose en calculs écrits et résous. Utilise l'opération inverse comme preuve. Continue la division à 0,001 près.

192 : 256 =

```
 19200 |256
-1792  |0,75
  1280
- 1280
  r = 0
```

Preuve :

```
    0,75
x   256
    450
   375
  150
  192
```

1 : 25 = 0,04 — Preuve :

79 : 9875 = 0,008 — Preuve :

3 : 24 = 0,125 — Preuve :

1374 : 1500 = 0,916 — Preuve :

18 : 250 = 0,072 — Preuve :

6 : 375 = 0,016 — Preuve :

2 : 125 = 0,016 — Preuve :

CAS PARTICULIERS

OBSERVE :

```
  5 1 3,5 |65Ø
- 4 5 5   |7,9
    5 8 5
  - 5 8 5
      R=0
```

LE DIVIDENDE ET LE DIVISEUR TERMINÉS PAR DES ZÉROS.

OBSERVE :

```
 2 1 2 7 Ø Ø |6ØØ
-1 8         |354
   3 2
 - 3 0
     2 7
   - 2 4
   R=3 C ou 300
```

OBSERVE :

```
 5 8 7 0 0 |570
-5 7       |102
   1 7 0
 - 1 1 4
 R= 5 6 D ou 560
```

1. Dispose en calculs écrits et résous. Utilise l'opération inverse comme preuve et n'oublie pas d'ajouter le reste si il y en a un.

7950 : 50 =

```
 795Ø |5Ø
-5    |159
 29
-25
  45
 -45
 r = 0
```

Preuve :

```
   159
x   50
  7950
```

32 640 : 8500 = 3,84 — Preuve :

30 970 : 38 000 = 0,815 — Preuve :

75 180 : 70 = 1 074 — Preuve :

732 000 : 40 = 18 300 — Preuve :

95 000 : 7600 = 12,5 — Preuve :

CORRECTIFS

CAS PARTICULIERS

315 : 3,75 →

OBSERVE :

```
  3 1 5 0 0 | 375
- 3 0 0 0   |-----
  -------   | 840
    1 5 0 0
  - 1 5 0 0
  ---------
     R = 0
```

QUOTIENT D'UN NOMBRE NATUREL PAR UN NOMBRE DÉCIMAL.

OBSERVE :

```
  8 1 7,5 | 25
- 7 5     |------
  ---     | 32,7
    6 7
  - 5 0
  -----
    1 7 5
  - 1 7 5
  -------
    R = 0
```

1. Estime le résultat de ces divisions. Effectue l'opération. Compare ta réponse avec ton estimation. Continue la division à 0,01 près :

Estimation : ....

```
  6300 | 7,5
- 600  |-----
  ---  | 84
   300
 - 300
  ----
  r = 0
```

Estimation : ....

84 : 8,75 = 9,6

Estimation : ....

902 : 2,75 = 328

Estimation : ....

255 : 12,5 = 20,4

Estimation : ....

269,01 : 9 = 29,89

Estimation : ....

2,457 : 91 = 0,02

CAS PARTICULIERS

17,86 : 3,8 →

OBSERVE :

```
  1 7 8 6 | 38
- 1 5 2   |-----
  -----   | 4,7
    2 6 6
  - 2 6 6
  -------
    R = 0
```

3,1003 : 3,8 →

OBSERVE :

```
  3 1 0 0 3 | 721
- 2 8 8 4   |------
  -------   | 0,4
    2 1 6 3
  - 2 1 6 3
  ---------
      R = 0
```

QUOTIENT D'UN NOMBRE DÉCIMAL PAR UN NOMBRE DÉCIMAL

2. Dispose en calculs écrits et résous. Utilise l'opération inverse comme preuve. N'oublie pas d'ajouter le reste si il y en a un :

Calcul	Preuve	Calcul	Preuve
121,5 : 2,7 = 45	45 x 2,7 = 121,5	683,76 : 8,14 = 84	84 x 8,14 = 121,5
10,625 : 0,85 = 12,5	12,5 x 0,85 = 10,625	4,72 : 0,4 = 11,8	11,8 x 0,4 = 4,72
4,2775 : 7,25 = 0,59	0,59 x 7,25 = 4,2775	4,088 : 0,7 = 5,84	5,84 x 0,7 = 4,088

© Jourdan Editeur - Imprimé en Europe
Dépot légal : D/2014/9685/40 - ISBN : 978-2-87546-140-7 - EAN : 9782875461407

Sous la direction d'A.J. Le Clercq et de Stéphanie Baland.